교원임용시험대비 혼 자 · 공 부 · 족 을 위한

최신 2019 개정
누리과정
해설서
워크북

「2019 개정 누리과정」 해설서 안내

1. 해설서의 성격

　　「2019 개정 누리과정」 해설서(이하 '해설서')는 「2019 개정 누리과정」 고시문(교육부 고시 제2019-189호, 보건복지부 고시 제2019-152호)의 내용을 개정 취지에 근거하여 설명한 자료집이다. 이 해설서는 유치원과 어린이집에서 유아·놀이 중심 교육과정을 이해하고 실천하는 데 도움을 주기 위해 개발되었다.

2. 해설서의 구성

　　가. 해설서는 누리과정의 이해, 누리과정의 성격, 총론과 영역별 목표 및 내용 해설, 부록 등으로 구성하였다.

　　나. 누리과정의 이해에서는 국가 수준 교육과정으로서 개정 누리과정의 의미와 주요 개정 내용을 설명하였다.

　　다. 누리과정의 성격에서는 개정 누리과정이 국가 수준의 공통 교육과정임을 설명하였다.

　　라. 총론에서는 개정 누리과정이 추구하는 유아·놀이 중심 교육과정의 특성과 내용을 구체적으로 제시하였다.

　　마. 영역별 목표 및 내용에서는 59개 내용을 유아 경험의 실제와 함께 제시하였다.

　　바. 부록에는 「2019 개정 누리과정」 고시문과 누리과정 신구 대조표를 제시하였다.

3. 해설서의 집필 방향

가. 해설서에서 「2019 개정 누리과정」을 지칭하는 용어로는 '개정 누리과정'과 '유아·놀이 중심 교육과정'을 사용하였다.

나. 해설서는 「2019 개정 누리과정」 고시문의 이해를 돕기 위하여, 고시문의 문장을 먼저 제시하고 그 내용을 설명하는 방식으로 기술하였다. 추가적인 해설이 필요한 경우 소제 목으로 구분하여 별도로 설명하였다.

다. 총론은 고시문의 내용을 충실히 해설하는 데 초점을 두었다. 편성·운영과 교수·학습에 서 주요하게 개정된 내용은 교사의 이해를 돕기 위하여 구체적인 설명을 추가하였다.

라. 영역별 목표 및 내용 해설은 5개 영역 59개 내용을 유아의 경험과 함께 제시하여 교사가 유아·놀이 중심 교육과정을 쉽게 이해할 수 있도록 하였다.

마. 영역별 해설 마지막 부분에 제시된 「○○영역의 통합적 이해」는 교사가 유아의 일상에서 보게 되는 놀이이다. 이를 통해 교사는 유아의 놀이를 5개 영역의 내용과 연계하여 통합 적으로 이해할 수 있다.

4. 해설서 및 현장지원 자료의 이해

「2019개정누리과정」 해설서는 '놀이이해자료' 및 '놀이실행자료'와 함께 보급된다. '놀이 이해자료'는 해설서에 근거한 다양한 놀이 사례를 제시하여 현장에서 유아의 놀이를 이해하 도록 돕는 자료집이다. '놀이실행자료'는 해설서에 근거하여 현장에서 유아의 놀이를 지원 하는 교사의 역할에 초점을 두어 누리과정의 실천에 대한 다양한 사례를 제시하는 자료집 이다. 해설서가 국가가 고시문에 제시한 최소한의 공통성과 일반적인 기준을 설명한 것이 라면, '놀이이해자료'와 '놀이실행자료'는 해설서를 보완하여 각 지역 및 기관, 학급(반) 수 준에서 놀이를 중심으로 교육과정이 자율적으로 운영되는 다양한 사례를 보여 주는 자료집 이다.

이 책의 특징과 활용 방법

이 워크북은 「2019 개정 누리과정」 '해설서'를 빈칸 채우기 형식으로 만든 것입니다. 「2019 개정 누리과정」 '고시문' 암기는 물론 「2019 개정 누리과정」 해설서를 완벽하게 이해하는 데 도움이 되도록 했습니다.

이 책의 특징

1 ⭐부분은 집중을 위한 수단입니다.
내용의 흐름을 파악하는 데 꼭 필요한 '키워드'로 활용합니다.

2 '이것만은 꼭!' 부분은 반드시 암기합니다.
여러 차례 읽으면서 조금씩 암기합니다.

3 반복 학습을 통해 자신이 사용할 수 있는 논술 답안 문장으로 활용해 봅니다.
논술에 활용하기 좋은 문장이 많이 있습니다.

활용 방법

❶ ⭐에 답을 쓰기 전 좌우의 정답을 확인하며 읽어 봅니다.

⬇

❷ 책표지의 정답 가림판으로 정답을 가리고 읽어 봅니다.

⬇

❸ 정답을 가리고 적색 펜으로 정답을 쓰며 읽어 봅니다.

⬇

❹ 정답 가림판을 벗겨내고 정답을 확인하며 읽어 봅니다.

⬇

❺ 체크시트로 적색 펜으로 쓴 정답을 가리고 읽어 봅니다.

차 례

부록

누리과정의 이해

① 누리과정의 이해

I 누리과정의 제정과 개정

(1) ① 1969
   ② 국가 수준
(2) 2007

(1) 유치원교육과정은 ① ⭐⭐⭐⭐ 년 최초로 ② ⭐⭐ ⭐⭐ 교육과정으로 제정, 공포된 이후 여러 차례의 개정을 거쳐 「2007 개정 유치원 교육과정」으로 이어졌다.

(2) 한편 표준보육과정은 ⭐⭐⭐⭐ 년 최초로 고시, 시행되었다. 이후 유치원에서는 유치원교육과정을, 어린이집에서는 표준보육과정을 운영하였으나, 이원화된 운영체제를 정비해야 할 필요성이 제기되었다.

1. 공통과정으로서 「5세 누리과정」 제정

(1) 공통과정
(2) 5
(3) ① 5세 누리과정
   ② 유치원
   ③ 어린이집

(1) 2011년 5월, 유아교육·보육에 대한 국가의 책임을 강화하기 위해 5세의 유아교육과 보육 내용을 통합하여 일원화한 ⭐⭐⭐⭐ 이 고시되었다.

(2) 이후 유치원과 어린이집에 다니는 ⭐세 유아의 학비·보육료 지원을 전 계층으로 확대하고, 지원 단가를 연차적으로 현실화하기 위한 정책을 마련하여 관련 법령을 정비하였다.

(3) 교육과학기술부와 보건복지부는 2011년 9월 ① ⭐⭐ ⭐⭐⭐⭐ 을 '공통과정'으로 제정하여 고시하고 2012년 3월부터 ② ⭐⭐⭐ 과 ③ ⭐⭐⭐⭐ 에 다니는 5세 모든 유아에게 공통으로 시행하였다.

2. 공통과정으로서 「3-5세 연령별 누리과정」 제정

(1) 3~4
(2) ① 3-5세 연령별
   ② 2013

(1) 유아교육·보육에 대한 국가 책임이 강화됨에 따라 국가는 누리과정 적용 대상을 5세에서 ⭐~⭐세 유아까지 확대하였다.

(2) 2012년 7월, 유치원과 어린이집에 다니는 3~5세 유아를 위한 교육·보육을 통합한 '공통과정'인 「① ⭐~⭐세 ⭐⭐⭐ 누리과정」이 고시되어, ② ⭐⭐⭐⭐ 년 3월부터 시행되었다.

2019 개정 누리과정 해설서

 정답

(3) 이후 ① ⭐⭐⭐⭐ 년 3월, 「3-5세 연령별 누리과정」은 누리과정 운영 시간을 3~5시간에서 ② ⭐~⭐ 시간으로 조정하여 개정·고시되었다.

(3) ① 2015
    ② 4~5

3. 교육과정으로서 「2019 개정 누리과정」 개정

(1) 교육부는 국정과제 구현과 출발선 ① ⭐⭐ 실현을 위해 ② ⭐⭐⭐⭐ 년 12월 '유아교육 혁신방안'을 발표하였다.

(2) '유아교육 혁신방안'의 주요 내용으로 '유아가 중심이 되는 ⭐⭐ 위주의 교육과정 개편'이 명시되었다.

(3) 이에 유아·놀이 중심 교육과정 개편 방향을 반영하여 2019년 7월,「⭐⭐⭐⭐ ⭐⭐ ⭐⭐⭐⭐」이 고시되었다.

(4) 「2019 개정 누리과정」은 유치원과 어린이집에 다니는 ⭐~⭐ 세 유아에게 공통으로 적용되는 교육과정으로 2020년 3월부터 시행된다.

(1) ① 평등
    ② 2017
(2) 놀이
(3) 2019 개정 누리과정
(4) 3~5

(1) ① 국가
    ② 공통
(3) ① 2007 개정
    ② 학습 경험
(4) ① 선정
    ② 실천
    ③ 평가
(5) ① 학생
    ② 학교
(6) ① 목표
    ② 내용
    ③ 유아
    ④ 만들어가는

II 국가 수준 교육과정으로서 누리과정

「2019 개정 누리과정」은 '국가 수준의 공통 교육과정'이다.

교육과정으로서 누리과정을 이해하기 위해서는 교육과정으로서 보편적 의미와 국가 수준 교육과정으로서 의미가 무엇인지를 알아보는 과정이 필요하다.

1. 교육과정으로서 누리과정

(1) 「2019 개정 누리과정」의 성격에서는 누리과정을 '① ⭐⭐ 수준의 ② ⭐⭐ 교육과정'으로 명시하고 있다.[1]

(2) 교육과정으로서 누리과정을 이해하기 위해서는 교육과정이 무엇인지 알아야 한다.

(3) 「① ⭐⭐⭐⭐ ⭐⭐ 유치원 교육과정」에서는 교육과정을 '학습자에게 제공할 ② ⭐⭐ ⭐⭐을 미리 선정하고 조직하여 교육 경험의 질을 구체적으로 관리하는 기본 설계도'로 정의하고 있다.[2]

(4) 또 「2015 초·중등학교 교육과정」에서는 교육과정을 '학교의 교육 목적 및 목표를 달성하기 위해 교육내용 또는 학습 경험을 ① ⭐⭐하고 조직하고 ② ⭐⭐하고 ③ ⭐⭐하는 제 행위'로 정의하고 있다.[3]

(5) 이와 함께 교육과정을 '① ⭐⭐이 경험하는 총체 또는 ② ⭐⭐가 제공하는 경험의 총체'라는 광의의 의미로도 정의하고 있다.[4]

(6) 개정 누리과정에서는 교육과정에 대한 이러한 다양한 해석을 바탕으로, 교육과정이 '교육 ① ⭐⭐를 달성하기 위해 교육 ② ⭐⭐을 선정·조직하는 방식'임을 고려하면서, '③ ⭐⭐가 경험하는 총체'임에 중점을 두고 교사와 유아가 함께 ④ ⭐⭐⭐⭐⭐ 교육과정의 중요성을 강조하였다.

---

1) 일반적으로 국가 수준 교육과정이라고 명시하지만, 누리과정은 일반적 교육과정과 달리 유치원과 어린이집이 함께 사용하는 누리과정의 특성을 나타내기 위해 '국가 수준의 공통 교육과정'으로 명시하였다.
2) 교육과학기술부(2008), 유치원 교육과정 해설(Ⅰ), p.7
3) 교육부(2016), 2015 개정 교육과정 총론 해설 -초등학교-, p.3
4) 교육부(2016), 2015 개정 교육과정 총론 해설 -초등학교-, p.3

2. 국가 수준의 교육과정으로서 누리과정

(1) 국가 수준의 교육과정은 가 주체가 되어 제정·개정하고 고시하는 교육과정을 의미한다.

(2) 국가가 고시하는 교육과정은 학교에서 교육과정을 편성·운영할 때 필요한 ① ⭐⭐적이고 ② ⭐⭐적인 기준을 제시한 것이다.

(3) 이와 동시에 지역 및 기관 수준, 그리고 학급(반) 및 개인 수준의 ⭐⭐⭐도 존중한다.

(4) 이는 국가 수준 교육과정이 국가에서 일방적으로 만들어서 '① ⭐⭐⭐⭐ 교육과정'이 아니라 교육을 직접 ② ⭐⭐하는 각 학교 수준에서 편성·운영하는 '③ ⭐⭐⭐⭐⭐ 교육과정'이라는 것을 보여 준다.

(5) 「2019 개정 누리과정」은 국가가 고시한 교육과정으로 ① ⭐~⭐세 유아가 다니는 유치원과 어린이집에서 누리과정을 편성·운영할 때 필요한 ② ⭐⭐적이고 ③ ⭐⭐적인 기준을 제시하고 있다.

(6) 이와 동시에 지역 및 기관, 개인 수준의 ⭐⭐⭐도 강조하였다.

(7) 국가 수준 교육과정으로서 개정 누리과정은 ① ⭐⭐ 가 중심이 되고 ② ⭐⭐가 살아나는 교육과정을 추구한다.

(8) 유치원과 어린이집은 국가 수준에서 제시하는 ① ⭐⭐⭐을 바탕으로 유아·놀이 중심 교육과정을 ② ⭐⭐하게 실천해 갈 수 있다.

(9) 누리과정의 실행 주체인 ① ⭐⭐는 국가가 제시하는 유아·놀이 중심 교육과정을 기초로 하되 자율적으로 ② ⭐⭐와 함께 만들어 나가는 교육과정을 실천할 수 있다.

Ⅲ 누리과정 개정의 취지

1. 미래 사회에 부응하는 새로운 교육과정

(1) 최근 국내외 교육과정은 ⭐⭐을 중심으로 미래 사회에 부응하는 방향으로 나아가고 있다.

(2) 미래 사회는 지식이 많은 사람보다는 지식을 잘 ⭐⭐할 수 있는 사람을 필요로 한다.

(3) 또한 자연과 생명을 ① ⭐⭐하며 다른 사람과 함께 살아가는 바른 ② ⭐⭐을 갖추고, 창조적 사고로 ③ ⭐⭐ ⭐⭐ 사회를 만들어 갈 수 있는 ④ ⭐⭐을 갖춘 사람이 필요하다.

(4) 이러한 ① ⭐⭐을 반영하여 개정된 「2015 개정 초·중등학교 교육과정」은 학습자의 ② ⭐⭐을 강조하며, 학습 경험의 질 개선을 위하여 '배움을 즐기는 ③ ⭐⭐ 교육'을 추구하고 있다.

(5) 「2019 개정 누리과정」에서는 새로운 시대의 요구에 따라, 교육내용을 ① ⭐⭐⭐하고 ② ⭐⭐가 주도하는 ③ ⭐⭐를 통해 배움이 구현될 수 있도록 유아·놀이 중심 교육과정으로 나아가고자 하였다.

(6) 「3-5세 연령별 누리과정」은 유치원 교육과정과 3~5세 보육과정을 통합한 ① ⭐⭐⭐⭐으로서 ② ⭐⭐⭐과 ③ ⭐⭐⭐⭐ 유아들이 공통의 교육내용을 경험할 수 있도록 하는 성과를 이루었다.

(7) 그러나 「3-5세 연령별 누리과정」은 연령별 교육내용이 ⭐⭐하다는 문제가 있었다.

(8) 이에 「2019 개정 누리과정」에서는 새로운 시대의 요구에 따라, 교육내용을 ① ⭐⭐⭐하고 ② ⭐⭐가 주도하는 ③ ⭐⭐를 통해 ④ ⭐⭐이 구현될 수 있도록 유아·놀이 중심 교육과정으로 나아가고자 하였다.

2. 유아의 놀이가 중심이 되는 교육과정

(1) 유아교육에서는 전통적으로 유아의 ⭐⭐를 강조해 왔다.

(2) 그런데 개정 누리과정에서 ① ⭐⭐ 중심과 ② ⭐⭐ 중심을 재차 강조하는 이유는 무엇일까?

(3) 이는 '놀이'의 ① ⭐⭐과 ② ⭐⭐를 다시 한 번 생각해 보기 위해서이다.

(4) 놀이는 유아의 ① ⭐⭐에서 자연스럽게 나타나며, 유아가 ② ⭐⭐을 경험하고 배워 가는 방식이다.

(5) 유아는 온몸의 감각과 기억으로 ① ⭐⭐과 ② ⭐⭐을 만난다.

(6) 유아가 놀이하며 보여 주는 독특한 움직임, 표정, 재미있는 말과 이야기, 그림이나 노래 등은 모두 놀이의 ① ⭐⭐이자 배움의 ② ⭐⭐⭐이다.

(7) 유아는 놀이하며 다른 사람과 ① ⭐⭐를 맺고 세상의 중요한 ② ⭐⭐⭐으로 성장해 간다.

(8) 그러나 그동안 일부 현장에서 교사용 지도서에 의존하여 누리과정을 ① ⭐⭐적으로 운영하거나 교사가 ② ⭐⭐한 자유선택활동을 중심으로 놀이를 운영하여 유아가 자유롭게 ③ ⭐⭐하는 놀이를 실천하는 데 한계가 있었다.

(9) 개정 누리과정에서는 유아가 각자 ① ⭐⭐에게 가장 적합한 방식으로 스스로 놀이하며 배운다는 점에 주목하여 ② ⭐⭐가 주도하는 놀이를 강조하였다.

(10) 이는 유아의 놀이에 귀를 기울여 ① ⭐⭐가 중심이 되고 ② ⭐⭐가 살아나는 교육과정을 만들고자 한 것이다.

(11) 이처럼 개정 누리과정은 교사가 유아 놀이의 ① ⭐⭐와 ② ⭐⭐를 이해하고, 유아의 놀이를 통한 배움을 ③ ⭐⭐하도록 하는 데 중점을 두었다.

(1) 놀이
(2) ① 유아
     ② 놀이
(3) ① 본질
     ② 가치
(4) ① 일상
     ② 세상
(5) ① 자연
     ② 세상
(6) ① 과정
     ② 결과물
(7) ① 관계
     ② 구성원
(8) ① 획일
     ② 계획
     ③ 주도
(9) ① 자신
     ② 유아
(10) ① 유아
      ② 놀이
(11) ① 가치
      ② 의미
      ③ 지원

3. 유아의 놀이를 지원하기 위한 교사의 자율성

(1) 교사는 유아와 가장 가까이 있는 사람으로, 그 누구보다 유아의 놀이를 잘 아는 ⭐⭐⭐이다.

(2) 교사는 유아의 놀이에 대한 의미를 ①⭐⭐하고 ②⭐⭐하며 유아와 함께 성장하고 배워 나간다.

(3) 교사는 활동을 계획하고 준비하는 데 많은 시간을 보내기보다는 유아의 놀이를 ①⭐⭐하고 ②⭐⭐하는 데 더 많은 시간을 보낼 필요가 있다.

(4) 유아의 놀이는 예측하여 계획하기 어렵기 때문에 교사는 유아의 놀이 ①⭐⭐에 따라 가장 적합한 교육적 ②⭐⭐이 무엇인지를 상황에 따라 판단하고 실천해야 한다.

(5) 개정 누리과정에서는 국가 수준의 공통 기준을 ①⭐⭐⭐하여 교사의 ②⭐⭐⭐과 ③⭐⭐⭐을 존중하였다.

(6) 개정 누리과정은 교사가 ①⭐⭐⭐을 기반으로 유아가 놀이하며 배운다는 가치를 믿고 ②⭐⭐가 중심이 되고 ③⭐⭐가 살아나는 교육과정을 유아와 함께 실천해 갈 수 있도록 하였다.

Ⅳ 누리과정의 주요 개정 내용

1. 국가 수준의 교육과정으로서 구성 체계 확립

(1) 「3-5세 연령별 누리과정」은 2012년 제정 이래 현재까지 유치원과 어린이집에 다니는 3∼5세 유아를 위한 '⭐⭐⭐⭐'으로 시행되고 있다.

(2) 한편 누리과정을 '교육과정'으로 명시하고, ⭐⭐⭐⭐ ⭐⭐⭐ 등을 제시하여 국가 수준의 교육과정으로서 구성 체계를 확립해야 한다는 요구가 꾸준히 제기되었다.

(3) 이와 함께 ⭐⭐을 중심으로 개정한 「2015 개정 초·중등학교 교육과정」의 취지와 내용을 누리과정 개정에 반영할 필요성 또한 대두되었다.

(4) ⭐⭐ 수준의 교육과정으로서 구성 체계 확립을 위한 개정 내용은 다음과 같다.

(1) 공통과정
(2) 추구하는 인간상
(3) 역량
(4) 국가

가. 국가 수준의 공통 교육과정으로서 성격 명시

(1) 「2019 개정 누리과정」은 '⭐⭐'을 신설하여 누리과정이 '국가 수준의 공통 교육과정'임을 명시하였다.

(2) 누리과정을 ⭐⭐⭐⭐ 으로 명시한 점은 유아, 교사와 기관, 국가 차원에서 중요한 의미를 가진다.

(3) ① ⭐⭐ 차원에서는 유치원과 어린이집에 다니는 3∼5세 모든 유아가 ② ⭐⭐ 이나 ③ ⭐⭐ 없이 양질의 교육적 ④ ⭐⭐ 을 할 수 있음을 말한다.

(4) ① ⭐⭐ 와 ② ⭐⭐ 차원에서는 누리과정 운영의 ③ ⭐⭐⭐ 을 가지면서도 국가 수준의 교육과정을 ④ ⭐⭐ 적으로 존중하여 운영해야 하는 ⑤ ⭐⭐⭐ 도 강화된다.

(5) 그리고 ① ⭐⭐ 차원에서는 누리과정이 현장에서 ② ⭐⭐ 적으로 운영될 수 있도록 행정적·재정적 ③ ⭐⭐ 을 해야 하는 의무가 있다.

(1) 성격
(2) 교육과정
(3) ① 유아
    ② 편견
    ③ 차별
    ④ 경험
(4) ① 교사
    ② 기관
    ③ 자율성
    ④ 우선
    ⑤ 책임감
(5) ① 국가
    ② 지속
    ③ 지원

나. 추구하는 인간상 제시

(1) 개정 누리과정은 '추구하는 ⭐⭐⭐'을 제시하여 교육과정으로서 구성 체계를 확립하였다.

(2) 개정 누리과정이 제시한 인간상은 ① ⭐⭐ 한 사람, ② ⭐⭐ 적인 사람, ③ ⭐⭐ 적인 사람, ④ ⭐⭐ 이 풍부한 사람, ⑤ ⭐⭐⭐ 사는 사람이다.

(1) 인간상
(2) ① 건강
    ② 자주
    ③ 창의
    ④ 감성
    ⑤ 더불어

(3) ① 경험
② 성장
③ 교육적 비전

(1) ① 인간상
② 목적
③ 목표
④ 구성
⑤ 초등학교
(2) ① 역량
② 인간상
③ 교육 목표
④ 연계
(3) 1
(4) ① 계속
② 계열
③ 통합
④ 접합

(1) ① 교사
② 학습자
③ 배움
(2) 운영
(3) ① 계획
② 유아
③ 놀이

(1) ① 유아
② 놀이
③ 존중
(2) ① 교사
② 유아
③ 놀이

(3) 추구하는 인간상의 제시는 유아가 누리과정 5개 영역의 내용을 ① ⭐⭐하면서 어떠한 모습으로 ② ⭐⭐ 해 가는지에 대한 ③ ⭐⭐ ⭐⭐을 명료히 제시하였다는 점에서 의의가 있다.

다. 초등학교 교육과정과의 구성 체계 및 교육내용 연계

(1) 개정 누리과정은 추구하는 ① ⭐⭐⭐과 ② ⭐⭐⭐과 ③ ⭐⭐, ④ ⭐⭐의 중점 등 총론 전반의 구성을 ⑤ ⭐⭐⭐⭐ 교육과정의 체계와 통일하였다.

(2) 특히 ① ⭐⭐을 중심으로 개정한 「2015 개정 초·중등학교 교육과정」의 취지와 내용을 개정 누리과정 ② ⭐⭐⭐과 ③ ⭐⭐⭐⭐ 등에 반영하여 초등학교 교육과정과 ④ ⭐⭐하고자 하였다.

(3) 이때 누리과정 5개 영역의 내용은 초등학교 ⭐학년의 교육내용을 상회하지 않도록 유의하였다.

(4) 이로써 누리과정은 유·초 연계에 있어서 보다 적정화된 교육내용의 ① ⭐⭐성, ② ⭐⭐성, ③ ⭐⭐성 및 ④ ⭐⭐성을 확보하게 되었다.

2. 유아·놀이 중심 교육과정 재정립

(1) 최근 교육과정은 교수자가 학습자의 배움을 예상하여 사전에 조직하는 ① ⭐⭐ 중심에서 ② ⭐⭐⭐가 주체가 되는 ③ ⭐⭐ 중심으로 변화하고 있다.

(2) 「3-5세 연령별 누리과정」도 유아의 놀이를 강조하였지만, 일부 현장의 경직되고 획일화된 누리과정 ⭐⭐ 에 대한 문제가 제기되었다.

(3) 이에 개정 누리과정은 유아의 흥미와 관심을 반영하지 못한 교사의 ① ⭐⭐ 중심 운영을 개선하기 위해 ② ⭐⭐·③ ⭐⭐ 중심 교육과정을 재정립하였다.

가. 교사 중심 교육과정에서 유아·놀이 중심 교육과정으로의 변화

(1) 개정 누리과정은 '① ⭐⭐와 ② ⭐⭐'를 최우선으로 ③ ⭐⭐하는 교육과정임을 강조하였다.

(2) 이는 교사가 미리 계획한 활동을 중심으로 진행되는 '① ⭐⭐ 중심' 교육과정에서 유아 주도적인 놀이가 중심이 되는 '② ⭐⭐·③ ⭐⭐ 중심' 교육과정으로 변화하는 것을 의미한다.

(3) 예를 들어, 개정 누리과정에서는 교사가 계획하여 제안하는 ① ⭐⭐⭐⭐⭐을 유아가 주도하는 ② ⭐⭐로 대체하여 운영하도록 제안하였다.

(3) ① 자유선택활동
　　② 놀이

나. 충분한 놀이 시간 확보 권장

(1) 개정 누리과정에서는 바깥 놀이를 포함하여 유아가 자유롭게 놀이할 수 있는 시간을 충분히 ① ⭐⭐·② ⭐⭐할 것을 제안하였다.

(2) 충분한 놀이 시간은 유아가 ① ⭐⭐하여 놀이를 즐길 수 있도록 여유있게 ② ⭐⭐을 확보하여 일과를 운영하는 것을 의미한다.

(3) 유치원과 어린이집은 유아의 ① ⭐⭐을 고려하되 유아의 놀이가 최대한 ② ⭐⭐⭐되도록 실내외 ③ ⭐⭐⭐⭐⭐을 포함하여 누리과정 ④ ⭐⭐ 방식을 개선해 가는 것이 필요하다.

(1) ① 편성
　　② 운영
(2) ① 몰입
　　② 시간
(3) ① 안전
　　② 활성화
　　③ 놀이 환경
　　④ 운영

다. 유아 놀이와 배움의 의미에 대한 재이해

(1) 유아·놀이 중심 교육과정은 유아의 놀이가 가지는 ① ⭐⭐의 의미를 새롭게 ② ⭐⭐하는 데서 출발한다.

(2) 그동안 유아교육에서는 유아의 ⭐⭐를 교육의 기본 정신으로 강조하였다.

(3) 그러나 한편으로는 유아가 스스로 놀이하며 배우고 있는지에 대한 걱정과 불안이 있었다.

(4) 또한 교사가 ① ⭐⭐보다는 ② ⭐⭐을 통해 지식을 가르치는 것에 집중한다는 반성이 이루어지기도 하였다.

(5) 개정 누리과정에서는 이러한 점을 고려하여 교사가 놀이의 ① ⭐⭐와 ② ⭐⭐를 ③ ⭐⭐⭐하는 것이 필요함을 강조하였다.

(6) 교사가 가르치지 않아도 유아가 놀이하며 스스로 배울 수 있음을 이해하는 것은 ⭐⭐ 중심 교육과정을 실천하는 데 중요한 출발점이 된다.

(7) 따라서 개정 누리과정의 ① ⭐⭐·② ⭐⭐에서 유아가 놀이를 통해 배우도록 함을 명시하였다.

(8) 또한 5개 영역의 내용이 교사가 가르쳐야 할 내용이 아니라 유아가 ① ⭐⭐하며 스스로 배우는 내용이라는 것을 구체적으로 설명하여 교사가 유아의 ② ⭐⭐와 ③ ⭐⭐을 ④ ⭐⭐⭐할 수 있도록 안내하였다.

(1) ① 배움
　　② 이해
(2) 놀이
(4) ① 놀이
　　② 활동
(5) ① 의미
　　② 가치
　　③ 재이해
(6) 놀이
(7) ① 교수
　　② 학습
(8) ① 경험
　　② 놀이
　　③ 배움
　　④ 재이해

3. 5개 영역의 내용 간략화

(1) 개정 누리과정은 「3-5세 연령별 누리과정」의 과다한 세부 내용을 교육과정 ① ⭐⭐⭐ 경향에 따라 ② ⭐⭐⭐ 하자는 요구에 부합하고자 하였다.

(2) 교육과정 ① ⭐⭐⭐ 의 목적은 교과 지식을 적정화하여 학습자의 학습 부담을 ②(줄 / 높)이고, 학습 ③ ⭐⭐ 의 질을 개선하는 것이다.

(3) 「2015 개정 초·중등학교 교육과정」은 ① ⭐⭐ 중심으로 개정되면서 교육내용을 줄여 교육과정을 ② ⭐⭐⭐ 하였다.

(4) 이를 반영하여 개정 누리과정도 「3-5세 연령별 누리과정」에서 제시하였던 369개의 세부 내용을 총 ⭐⭐ 개의 내용으로 간략화하였다.

가. 유아가 경험해야 할 내용을 연령 구분 없이 제시

(1) 개정 누리과정은 ① ⭐ 개 영역에 제시된 ② ⭐⭐ 개의 내용을 연령별로 구분 ③(하고 / 하지 않고) 제시하였다.

(2) 이는 유아가 ① ⭐⭐ 해야 할 내용을 연령에 따라 인위적으로 ② ⭐⭐ 하기 어렵고, 연령별 구분이 개별 유아의 배움의 특성을 ② ⭐⭐ 할 수 있다는 우려를 반영한 것이다.

(3) 교사는 59개 내용을 유아가 자신에게 가장 적합한 방식으로 ① ⭐⭐ 하며 배우는 ② ⭐⭐ 으로 이해함으로써, 유아 중심 교육과정을 실천할 수 있다.

(4) ① ⭐⭐ 구분 없이 유아가 ② ⭐⭐ 해야 할 내용으로 구성된 교육내용은 유아가 놀이하는 ③ ⭐⭐ 내용을 중심으로 누리과정을 운영해 갈 수 있는 토대가 된다는 점에서 의의가 있다.

나. 간략화된 내용으로 교사의 누리과정 실천 지원

(1) 개정 누리과정에서 교육내용의 ① ⭐⭐⭐ 는 교사가 누리과정의 5개 영역을 유아의 놀이를 중심으로 ② ⭐⭐ 할 수 있도록 돕는다.

(2) 교사는 과다한 내용을 모두 가르쳐야 한다는 생각에서 벗어나서 ① ⭐⭐⭐ 된 내용을 유아의 ② ⭐⭐ 를 통한 ③ ⭐⭐ 과 연결하여 이해함으로써 유아·놀이 중심 교육과정을 용이하게 실천할 수 있다.

4. 교사의 자율성 강조

가. 교육과정 대강화 경향을 반영하여 교사의 자율성 강조

(1) 교육과정 ①⭐⭐⭐는 국가 수준 교육과정의 기준을 상세하게 제시하는 대신 ②⭐⭐한의 기준을 제시하는 것을 의미한다.

(2) 이는 교사의 ①⭐⭐⭐과 ②⭐⭐⭐을 최대한 존중하기 위한 것이다.

(3) 이처럼 개정 누리과정에서 교사의 자율성을 강조하는 이유는 ①⭐⭐⭐ 중심의 배움을 실현하는 데 교사의 ②⭐⭐⭐ ⭐⭐이 중요한 역할을 하기 때문이다.

(4) 유아의 놀이는 ①⭐⭐하기 어렵고, 상황에 따라 ②⭐⭐하게 일어나므로, 교사가 유아의 놀이를 통한 배움을 최대한 지원하기 위해서는 ③⭐⭐⭐을 기반으로 상황에 ④⭐⭐한 판단을 해야 한다.

(5) 개정 누리과정에서는 그동안 놀이 중심 교육과정의 실행을 어렵게 했던 고시문의 세부 지침 등을 ①⭐⭐⭐함으로써 교사가 좀 더 ②⭐⭐⭐을 가지고 유아·놀이 중심 교육과정을 실천할 수 있도록 돕고자 하였다.

(1) ① 대강화
　　② 최소
(2) ① 자율성
　　② 다양성
(3) ① 학습자
　　② 교육적 판단
(4) ① 예측
　　② 다양
　　③ 자율성
　　④ 적합
(5) ① 간략화
　　② 자율성

나. 계획안 형식과 방법의 자율화

(1) 개정 누리과정에서 유아·놀이 중심 교육과정의 실천을 위하여 ①⭐⭐⭐을 각 기관의 실정에 따라 ②⭐⭐적으로 작성할 수 있도록 하였다.

(2) 교사는 그동안 당위적이고 형식적으로 작성했던 연간, 월간, 주간, 일일 ①⭐⭐⭐의 형식과 내용을 ②⭐⭐하여 ③⭐⭐한 방식으로 계획안을 작성할 수 있다.

(3) 개정 누리과정에서는 유아가 주도하는 놀이를 적극적으로 지원하기 위하여 교사가 계획안을 ①⭐⭐에 작성하는 방식을 ②⭐⭐⭐하는 것이 중요함을 강조하였다.

(4) 교사는 ①⭐⭐ 계획을 ②⭐⭐⭐함으로써 유아가 실제 놀이하는 내용과 교사의 지원 ③⭐⭐을 ④⭐⭐적으로 기록하는 방식으로 계획안을 개선해 갈 수 있다.

(1) ① 계획안
　　② 자율
(2) ① 계획안
　　② 개선
　　③ 다양
(3) ① 사전
　　② 최소화
(4) ① 사전
　　② 최소화
　　③ 계획
　　④ 자율

(1) ① 흥미
　　② 자율화
(2) 자율
(3) ① 존중
　　② 지원

(1) ① 생활 주제
　　② 통합
(2) ① 통합
　　② 존중
(3) ① 관심
　　② 흥미
　　③ 통합

(1) 평가
(2) ① 평가
　　② 자율
(3) ① 목적
　　② 대상
　　③ 방법
　　④ 활용
(4) ① 평가
　　② 연계

다. 흥미 영역의 운영 방식 자율화

(1) 개정 누리과정은 유아가 주도하는 놀이가 활성화될 수 있도록 ① ⭐⭐ 영역의 운영 방식을 ② ⭐⭐⭐⭐하였다.

(2) 기존에 유아의 놀이를 제한했던 고정된 흥미 영역의 개수, 유형, 운영 방식 등을 ⭐⭐적으로 개선하여 유아의 자유로운 놀이가 가능하도록 제안하였다.

(3) 이를 통해 유아의 놀이가 미리 계획한 생활 주제에 맞지 않더라도 교사가 유아의 관심과 생각을 우선적으로 ① ⭐⭐하고 ② ⭐⭐할 수 있도록 하였다.

라. 5개 영역 통합 방식의 다양화

(1) 개정 누리과정에서는 ① ⭐⭐⭐⭐ 외에도 교사가 자율성을 가지고 다양한 ② ⭐⭐ 방식을 운영할 수 있도록 하였다.

(2) 유아는 놀이하면서 자연스럽게 5개 영역을 ① ⭐⭐하여 경험하므로, 교사는 유아의 놀이를 ② ⭐⭐함으로써 5개 영역의 통합을 실천할 수 있다.

(3) 또한 미리 정해진 생활 주제가 아니더라도, 유아의 놀이에서 나타나는 주제, 그림책, 사물 등을 활용하여 유아의 ① ⭐⭐과 ② ⭐⭐를 중심으로 누리과정을 ③ ⭐⭐적으로 실천할 수 있다.

마. 평가의 자율화

(1) 개정 누리과정에서는 기관과 학급(반) 수준에서 ⭐⭐의 자율적 시행을 강조하였다.

(2) 교사가 놀이하며 배우는 유아의 실제 경험을 ① ⭐⭐와 연계하여 이해하도록 평가의 ② ⭐⭐성을 보장하였다.

(3) 또한 자율성이 강조되는 평가에서 고려해야 할 핵심 사항을 평가의 ① ⭐⭐, ② ⭐⭐, ③ ⭐⭐, 결과 ④ ⭐⭐으로 나누어 간략히 제시하였다.

(4) 무엇보다 누리과정을 운영하는 일상 속에서 유아가 실제 놀이하는 내용과 교사의 지원 내용을 기록한 계획안 등을 유아 ① ⭐⭐ 및 누리과정 운영 ① ⭐⭐와 ② ⭐⭐하여 활용할 수 있도록 하였다.

Ⅴ 개정 누리과정의 구성

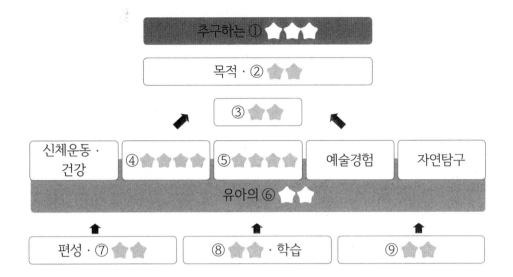

추구하는 ① ⭐⭐⭐

목적 · ② ⭐⭐

③ ⭐⭐

| 신체운동 · 건강 | ④ ⭐⭐⭐⭐ | ⑤ ⭐⭐⭐⭐ | 예술경험 | 자연탐구 |

유아의 ⑥ ⭐⭐

편성 · ⑦ ⭐⭐ | ⑧ ⭐⭐ · 학습 | ⑨ ⭐⭐

① 인간상
② 목표
③ 놀이
④ 의사소통
⑤ 사회관계
⑥ 경험
⑦ 운영
⑧ 교수
⑨ 평가

(1) 누리과정은 ① ⭐⭐, ② ⭐⭐과 영역별 ③ ⭐⭐ 및 ④ ⭐⭐으로 구성되어 있다.

(2) ⭐⭐은 개정 누리과정이 국가 수준 공통 교육과정임을 명시한 것이다.

(3) ① ⭐⭐은 누리과정의 구성 방향과 누리과정의 운영으로 구성되어 있으며, 누리과정의 구성 방향에서는 추구하는 ② ⭐⭐⭐, ③ ⭐⭐과 ④ ⭐⭐, ⑤ ⭐⭐의 중점을 제시하였다.

(4) 누리과정 운영에 관한 내용은 ① ⭐⭐ · ② ⭐⭐, ③ ⭐⭐ · ④ ⭐⭐, 그리고 ⑤ ⭐⭐로 나누어 기술하였다.

(5) 영역별 목표 및 내용에서는 ① ⭐⭐⭐⭐ · ⭐⭐, ② ⭐⭐⭐⭐, ③ ⭐⭐⭐⭐, ④ ⭐⭐⭐⭐, ⑤ ⭐⭐⭐⭐ 등 5개 영역의 ⑥ ⭐⭐와 59개의 ⑦ ⭐⭐을 기술하고 있다.

(6) 총론은 현장에서 누리과정을 어떻게 ① ⭐⭐해야 하는지를 안내하고, 영역별 목표 및 내용은 ② ⭐⭐가 ③ ⭐⭐를 통해 배우며 궁극적으로 추구하는 인간상을 향해 ④ ⭐⭐해 갈 수 있도록 돕는 내용이다.

(1) ① 성격
② 총론
③ 목표
④ 내용
(2) 성격
(3) ① 총론
② 인간상
③ 목적
④ 목표
⑤ 구성
(4) ① 편성
② 운영
③ 교수
④ 학습
⑤ 평가
(5) ① 신체운동 · 건강
② 의사소통
③ 사회관계
④ 예술경험
⑤ 자연탐구
⑥ 목표
⑦ 내용
(6) ① 운영
② 유아
③ 놀이
④ 성장

2

총론 해설

2

총론 해설

(1) ① 국가
② 성격
(2) ① 성격
② 출발점
(3) ① 성격
② 3~5
③ 국가
④ 공통
(4) ① 연계
② 유아
③ 놀이

I 누리과정의 성격

(1) ① ⭐⭐ 수준의 교육과정은 총론에 앞서 교육과정의 '② ⭐⭐'을 먼저 제시하고 있다.

(2) 교육과정에서 제시되는 ① ⭐⭐ 은 국가 수준 교육과정의 구성 체계를 확립하는 ② ⭐⭐⭐ 이다.

(3) 개정 누리과정에서도 '① ⭐⭐' 항목을 신설하여 누리과정을 '② ⭐~⭐ 세 유아를 위한 ③ ⭐⭐ 수준의 ④ ⭐⭐ 교육과정'으로 정의하였다.

(4) 개정 누리과정의 성격은 「2015 개정 초·중등학교 교육과정」 성격의 구성 체계와 ① ⭐⭐ 하고, 유아기의 고유한 특징을 반영하여 '② ⭐⭐ 중심 및 ③ ⭐⭐ 중심'을 강조하고 있다.

> **이것만은 꼭!!**
>
> **누리과정은 3~5세 유아를 위한 국가 수준의 공통 교육과정이다.**
> 가. 국가 수준의 공통성과 지역, 기관 및 개인 수준의 다양성을 동시에 추구한다.
> 나. 유아의 전인적 발달과 행복을 추구한다.
> 다. 유아 중심과 놀이 중심을 추구한다.
> 라. 유아의 자율성과 창의성 신장을 추구한다.
> 마. 유아, 교사, 원장(감), 학부모 및 지역사회가 함께 실현해 가는 것을 추구한다.

(5) ① 3~5
② 국가
③ 공통
(6) ① 유치원
② 어린이집
(7) ① 3~5
② 공통
③ 일반
(8) ① 3~5
② 차별
③ 경험

(5) 개정 누리과정의 성격은 누리과정을 '① ⭐~⭐ 세 유아를 위한 ② ⭐⭐ 수준의 ③ ⭐⭐ 교육과정'으로 정의하고 있다.

(6) 여기서 '공통'이란 ① ⭐⭐⭐ 과 ② ⭐⭐⭐⭐ 모두를 지칭한다.

(7) 국가 수준의 공통 교육과정으로서 누리과정은 ① ⭐~⭐ 세 유아가 다니는 유치원과 어린이집에서 누리과정을 운영할 때 우선적으로 고려해야 할 ② ⭐⭐ 적이고 ③ ⭐⭐ 적인 기준을 국가가 고시한 것이다.

(8) 따라서 유치원과 어린이집에 다니는 ① ⭐~⭐ 세 유아는 국가 수준의 교육과정에서 제시하는 기준에 따라 ② ⭐⭐ 없이 양질의 교육적 ③ ⭐⭐ 을 할 수 있게 된다.

정답

가. 국가 수준의 공통성과 지역, 기관 및 개인 수준의 다양성을 동시에 추구한다.

(1) 개정 누리과정은 ① ⭐⭐ 수준에서 교육과정에 대한 ② ⭐⭐ 적 기준을 제시하는 한편, ③ ⭐⭐, ④ ⭐⭐ 및 ⑤ ⭐⭐ 수준의 특성을 반영하여 교육과정을 ⑥ ⭐⭐ 하게 운영하는 것을 추구한다.

(2) ① ⭐⭐ 수준의 공통성은 유치원과 어린이집에서 교육과정을 구성하고 운영할 때 고려해야 할 ② ⭐⭐ 적이고 ③ ⭐⭐ 적 기준을 의미한다.

(3) ① ⭐⭐ 수준의 다양성은 국가 수준의 교육과정을 바탕으로 각 시·도 교육청이나 시·군·구청에서 그 지역사회의 ② ⭐⭐ 과 ③ ⭐⭐ 을 고려하여 누리과정을 ④ ⭐⭐ 있게 운영하는 것을 의미한다.

(4) 시·도 교육청이나 시·군·구청은 그 지역의 유치원과 어린이집에서 누리과정을 운영할 때 ① ⭐⭐ 수준의 특성을 반영할 수 있도록 ② ⭐⭐ 하고 ③ ⭐⭐ 해야 한다.

(5) ① ⭐⭐ 수준의 다양성은 각 유치원과 어린이집이 국가 수준 교육과정과 지역 수준 교육과정의 특성을 반영하는 동시에 각 기관의 ② ⭐⭐, 학급(반) 및 ③ ⭐⭐⭐ 의 특성에 따라 누리과정을 ④ ⭐⭐ 적으로 운영하는 것을 의미한다.

(6) ① ⭐⭐ 수준의 다양성은 교사가 담당 학급(반) 유아의 ② ⭐⭐ 및 개별 ③ ⭐⭐, 발달 ④ ⭐⭐ 등 ⑤ ⭐⭐⭐ 를 교육과정에 반영하여 운영하는 것을 의미한다.

(7) 교사는 유아를 개별적 특성을 가진 고유한 존재로 인정하며, 유아의 ① ⭐⭐ 와 ② ⭐⭐ 을 교육과정에 반영하여 ③ ⭐⭐ 적으로 운영할 수 있다.

나. 유아의 전인적 발달과 행복을 추구한다.

(1) 개정 누리과정은 유아가 ① ⭐⭐⭐ 발달과 ② ⭐⭐ 을 추구할 권리를 존중한다.

(2) 유아가 ① ⭐⭐⭐ 으로 발달한다는 것은 몸과 마음이 ② ⭐⭐ 하고, ③ ⭐⭐ 적이고, ④ ⭐⭐ 적이며, ⑤ ⭐⭐ 이 풍부하고 ⑥ ⭐⭐⭐ 사는 사람으로 성장한다는 것을 의미한다.

(1) ① 국가
② 공통
③ 지역
④ 기관
⑤ 개인
⑥ 다양
(2) ① 국가
② 공통
③ 일반
(3) ① 지역
② 상황
③ 여건
④ 특색
(4) ① 지역
② 안내
③ 지원
(5) ① 기관
② 철학
③ 학부모
④ 자율
(6) ① 개인
② 연령
③ 특성
④ 수준
⑤ 개인차
(7) ① 흥미
② 관심
③ 자율

(1) ① 전인적
② 행복
(2) ① 전인적
② 건강
③ 자주
④ 창의
⑤ 감성
⑥ 더불어

(3) ① 놀이
    ② 발달
    ③ 추구

(1) ① 유아
    ② 놀이
(2) ① 유아
    ② 건강
    ③ 행복
    ④ 배움
(3) 유아
(4) ① 놀이
    ② 유아
    ③ 주도
(5) 교류
(6) ① 흥미
    ② 관심
(7) ① 유아
    ② 주도
    ③ 놀이
(8) ① 구성
    ② 운영

(1) ① 자율성
    ② 창의성
(2) ① 스스로
    ② 선택
    ③ 책임
    ④ 자율성
(3) ① 탐색
    ② 탐구
    ③ 상상
    ④ 창의성

(3) 유아는 자유롭게 ① ⭐⭐할 때 즐겁고 행복하다. 유치원과 어린이집에서는 유아의 전인적 ② ⭐⭐과 행복 ③ ⭐⭐를 지원하기 위해서 유아가 자유롭고 즐겁게 충분히 놀이할 수 있도록 교육과정을 구성하고 운영해야 한다.

다. 유아 중심과 놀이 중심을 추구한다.

(1) 개정 누리과정은 '① ⭐⭐ · ② ⭐⭐ 중심'을 추구하는 교육과정이다.

(2) 개정 누리과정이 '① ⭐⭐ 중심'을 추구한다는 것은 누리과정을 운영하는 과정에서 유아의 ② ⭐⭐과 ③ ⭐⭐, 놀이를 통한 ④ ⭐⭐ 의 가치를 최대한 존중하여 반영하는 것을 의미한다.

(3) 교사는 ⭐⭐의 목소리에 귀 기울이며, ⭐⭐의 의견을 존중하고 반영하는 교육과정을 구성하고 운영하는 것이 필요하다.

(4) 개정 누리과정이 '① ⭐⭐ 중심'을 추구한다는 것은 ② ⭐⭐ 가 ③ ⭐⭐하는 ① ⭐⭐를 중심으로 교육과정을 구성하고 운영한다는 것을 의미한다.

(5) 유아는 놀이하면서 세상을 탐색하고 자신을 표현하며 다른 사람과 ⭐⭐한다.

(6) 또한 유아는 자신의 ① ⭐⭐와 ② ⭐⭐에 따라 즐겁게 놀이하는 과정에서 자연스럽게 배운다.

(7) 개정 누리과정은 교사가 계획하여 주도하는 교육과정에서 ① ⭐⭐가 ② ⭐⭐적으로 ③ ⭐⭐하며 배우는 교육과정으로의 변화를 추구한다.

(8) 유치원과 어린이집에서는 개정 누리과정 취지를 반영하여 유아 주도적인 놀이가 충분히 이루어질 수 있도록 교육과정을 ① ⭐⭐하고 ② ⭐⭐해야 한다.

라. 유아의 자율성과 창의성 신장을 추구한다.

(1) 개정 누리과정은 유아의 ① ⭐⭐⭐과 ② ⭐⭐⭐ 신장을 추구하는 교육과정이다.

(2) 유아는 ① ⭐⭐⭐ 자신이 할 수 있는 일을 하고, 하고 싶은 일을 ② ⭐⭐하며, 자신의 선택과 결정에 대해 ③ ⭐⭐지는 경험을 하면서 ④ ⭐⭐⭐을 기른다.

(3) 유아는 호기심을 가지고 주변 세계를 ① ⭐⭐하고 ② ⭐⭐하며 재미있는 ③ ⭐⭐을 해 나가고 자신만의 방식으로 놀이를 변형하고 창조하면서 ④ ⭐⭐⭐을 기른다.

(4) 교사는 유아가 크고 작은 어려움을 스스로 해결해 가는 모습을 ① ⭐⭐하고, 자신의 경험과 생각을 자유롭게 ② ⭐⭐할 수 있도록 도와줌으로써 유아의 ③ ⭐⭐⭐과 ④ ⭐⭐⭐ 신장을 지원한다.

(4) ① 격려
② 표현
③ 자율성
④ 창의성

마. 유아, 교사, 원장(감), 학부모 및 지역사회가 함께 실현해 가는 것을 추구한다.

(1) 개정 누리과정은 유아와 교사, 유치원과 어린이집, 각 기관이 속한 지역사회와 가정의 ① ⭐⭐ 및 ② ⭐⭐를 통해 함께 실현해 가는 교육과정이다.

(2) 개정 누리과정은 국가 수준의 교육과정이 제시하는 공통적이고 일반적 기준을 바탕으로 교사가 ① ⭐⭐⭐을 가지고 유아와 ② ⭐⭐ 교육과정을 만들어 나가는 것을 강조한다.

(3) ① ⭐⭐, ② ⭐⭐(감)은 유아의 관심과 흥미 및 놀이에 대한 이해를 바탕으로 유아의 ③ ⭐⭐를 ④ ⭐⭐하는 교육과정의 주체이다.

(4) 또한 교사와 원장(감)은 학부모가 유아·놀이 중심 교육과정의 의미를 이해하고 협력할 수 있도록 ⭐⭐한다.

(5) ① ⭐⭐⭐는 유아·놀이 중심 교육과정의 의미를 이해하고 유아가 가정과 기관에서 주도적으로 충분히 놀이할 수 있도록 기관과 ② ⭐⭐하고 ③ ⭐⭐한다.

(6) ① ⭐⭐⭐과 ② ⭐⭐⭐⭐은 지역사회의 공공기관이나 단체와 협력하여 지역사회의 ③ ⭐⭐, ④ ⭐⭐⭐, ⑤ ⭐⭐⭐ 자원을 통해 유아가 풍부한 ⑥ ⭐⭐을 할 수 있도록 교육과정 운영을 ⑦ ⭐⭐한다.

(1) ① 협력
② 참여
(2) ① 자율성
② 함께
(3) ① 교사
② 원장
③ 놀이
④ 지원
(4) 지원
(5) ① 학부모
② 협력
③ 지원
(6) ① 유치원
② 어린이집
③ 인적
④ 환경적
⑤ 문화적
⑥ 경험
⑦ 지원

Ⅱ 누리과정의 구성 방향

1. 추구하는 인간상

(1) 개정 누리과정은 국가 수준의 교육과정으로서 누리과정이 추구해야 할 ⭐⭐⭐ ⭐⭐으로 추구하는 인간상을 제시하고 있다.

(2) 누리과정에서 제시한 인간상은 ① ⭐⭐⭐ 사람, ② ⭐⭐⭐⭐ 사람, ③ ⭐⭐⭐⭐ 사람, ④ ⭐⭐이 ⑤ ⭐⭐한 사람, ⑥ ⭐⭐⭐⭐ ⭐⭐ 사람이며, 이는 미래의 핵심역량을 반영한 초·중등학교 교육과정의 ⑦ ⭐⭐⭐과 연계되어 있다.

(3) 이 중 '건강한 사람'은 누리과정에서만 제시된 인간상으로, 일생에서 가장 중요한 신체와 정신 건강의 기초를 형성하는 ① ⭐⭐⭐의 ② ⭐⭐을 고려한 것이다.

(4) '감성이 풍부한 사람'은 초·중등학교 교육과정에서 '⭐⭐ 있는 사람'에 해당하지만, 유아기 특성을 고려하여 적절한 표현으로 조정한 것이다.

(5) 교사는 유아가 ① ⭐⭐를 통해 인간상을 ② ⭐⭐적으로 ③ ⭐⭐하도록 지원하는 것이 필요하다.

(6) ⭐⭐⭐⭐ ⭐⭐⭐은 유아가 일상에서 놀이하며 배우는 현재의 모습에서 발견할 수 있으며 동시에 유아가 앞으로 배우며 성장해 가야 할 모습이기도 하다.

> **! 이것만은 꼭!!**
>
> **누리과정이 추구하는 인간상은 다음과 같다.**
> 가. 건강한 사람
> 나. 자주적인 사람
> 다. 창의적인 사람
> 라. 감성이 풍부한 사람
> 마. 더불어 사는 사람

가. 건강한 사람

(1) 건강한 사람은 ① ⭐과 ② ⭐⭐이 고루 발달하고 스스로 ③ ⭐⭐⭐을 유지하며 ④ ⭐⭐적이고 ⑤ ⭐⭐한 생활을 하는 사람을 의미한다.

(2) 유아는 몸을 자유롭게 움직이며 놀이하는 것을 좋아하고, 세상과 즐겁게 교류하며, 자신의 건강과 안전을 ⭐⭐⭐ 지킨다.

(3) 개정 누리과정은 유아가 튼튼한 ① ⭐과 안정된 ② ⭐⭐를 바탕으로 자신을 ③ ⭐⭐⭐ 여기며, 일상에서 건강한 생활을 ④ ⭐⭐하고, 위험한 상황에서 자신을 ⑤ ⭐⭐하는 경험을 통해 건강한 사람으로 성장해 갈 수 있도록 돕는다.

(1) ① 몸
② 마음
③ 건강함
④ 안정
⑤ 안전
(2) 스스로
(3) ① 몸
② 정서
③ 소중히
④ 실천
⑤ 보호

나. 자주적인 사람

(1) 자주적인 사람은 ① ⭐⭐을 잘 알고 존중하며 ② ⭐⭐⭐을 가지고 스스로 할 수 있는 일을 ③ ⭐⭐적으로 해 나가는 사람을 의미한다.

(2) 유아는 자신이 하고 싶은 놀이나 일을 ① ⭐⭐⭐ 결정하고 ② ⭐⭐적으로 참여하며 이끌어 나간다.

(3) 개정 누리과정은 유아가 자신에 대한 이해를 바탕으로 자신을 ① ⭐⭐ 있고 ② ⭐⭐적인 존재로 여기며, 자신이 잘 할 수 있는 일이 무엇인지 알고 자신의 능력을 확장하기 위해 스스로 ③ ⭐⭐하는 사람으로 성장해 갈 수 있도록 돕는다.

(1) ① 자신
② 자신감
③ 주도
(2) ① 스스로
② 적극
(3) ① 가치
② 긍정
③ 노력

다. 창의적인 사람

(1) 창의적인 사람은 ① ⭐⭐ 세계에 열려 있고, ② ⭐⭐⭐이 많으며, 자기만의 방식으로 상상하고 느끼고 표현하고 탐구하는 가운데 새롭고 ③ ⭐⭐⭐인 생각을 하는 사람을 의미한다.

(2) 유아는 자연과 일상에서 만나는 다양한 사물과 문제에 ① ⭐⭐⭐이 많고 ② ⭐⭐⭐이 풍부하며 궁금한 것을 적극적으로 탐구하면서 스스로 답을 찾아낸다.

(3) 개정 누리과정은 유아가 ① ⭐⭐를 통해 자신의 관심과 흥미에 따라 세계를 ② ⭐⭐하고 ③ ⭐⭐하고 ④ ⭐⭐하는 과정에 적극적으로 참여하는 사람으로 성장해 갈 수 있도록 돕는다.

(1) ① 주변
② 호기심
③ 독창적
(2) ① 호기심
② 상상력
(3) ① 놀이
② 탐색
③ 도전
④ 실험

(1) ① 사랑
　② 존중
　③ 경이감
　④ 아름다움
　⑤ 감수성
(2) ① 사물
　② 매체
　③ 사람
　④ 자연
(3) ① 언어
　② 노래
　③ 몸짓
(4) ① 일상
　② 놀이
　③ 문화
　④ 향유

(1) ① 소속감
　② 존중
　③ 더불어
　④ 협력
　⑤ 민주
(2) ① 사회질서
　② 소통
(3) ① 관심
　② 배려
　③ 책임

라. 감성이 풍부한 사람

(1) 감성이 풍부한 사람은 예술을 ①⭐⭐하고 ②⭐⭐하며 자신을 둘러싼 주변 세계에 ③⭐⭐⭐과 ④⭐⭐⭐⭐을 느끼고 즐길 수 있는 풍부한 문화적 ⑤⭐⭐⭐을 지닌 사람을 의미한다.

(2) 유아는 다양한 ①⭐⭐과 ②⭐⭐, ③⭐⭐과 ④⭐⭐에 민감하고 주변의 다양한 예술과 문화에 관심을 가지며 그 속에서 아름다움과 재미를 발견한다.

(3) 또한 유아는 이러한 아름다움을 다양한 ①⭐⭐, ②⭐⭐와 ③⭐⭐으로 표현하는 것을 좋아하고 즐긴다.

(4) 개정 누리과정은 유아가 ①⭐⭐과 ②⭐⭐ 속에서 아름다움을 발견하고 공감하며, 이를 다양한 예술로 표현하면서 ③⭐⭐를 ④⭐⭐하는 사람으로 성장해 갈 수 있도록 돕는다.

마. 더불어 사는 사람

(1) 더불어 사는 사람은 자신이 속해 있는 사회에 ①⭐⭐⭐을 느끼고, 다른 사람과 생명을 ②⭐⭐하고 자연과 ③⭐⭐⭐ 살아가며 보다 나은 사회를 만들기 위해 사회문제에 관심을 갖고 ④⭐⭐하는 ⑤⭐⭐ 시민을 의미한다.

(2) 유아는 주변 사람을 포함한 모든 생명에 대한 감수성이 뛰어나며, 자신과 친근한 사람 및 주변 세계와 관계를 맺으면서 자발적으로 ①⭐⭐⭐⭐와 ②⭐⭐ 방식을 배워 나간다.

(3) 개정 누리과정은 유아가 가족, 이웃, 동식물과 주변 환경에 ①⭐⭐을 가지고 소중히 여기며, 서로 ②⭐⭐하는 마음과 태도, ③⭐⭐ 의식을 가진 사람으로 성장해 갈 수 있도록 돕는다.

2. 목적과 목표

(1) 추구하는 인간상이 우리나라 모든 학교 교육과정이 공통적으로 추구해야 할 교육적 비전이라면, ① 🌑🌑 은 각 학교급에서 학습자의 ② 🌑🌑 을 고려하여 지향하는 ③ 🌑🌑 목적을 제시한 것이다.

(2) 누리과정의 목적에서는 🌑🌑🌑 의 특성을 반영하여 누리과정이 지향해야 하는 바를 제시하였다.

(3) 누리과정의 목적 아래 제시된 ① 🌑🌑 는 유아가 추구하는 ② 🌑🌑🌑 으로 ③ 🌑🌑 하기 위해 필요한 사항을 중심으로 구성하였다.

> ⚠ **이것만은 꼭!!**
>
> **누리과정의 목적은 유아가 놀이를 통해 심신의 건강과 조화로운 발달을 이루고 바른 인성과 민주 시민의 기초를 형성하는 데에 있다.**
>
> 이를 실현하기 위한 목표는 다음과 같다.
>
> 가. 자신의 소중함을 알고, 건강하고 안전한 생활 습관을 기른다.
> 나. 자신의 일을 스스로 해결하는 기초능력을 기른다.
> 다. 호기심과 탐구심을 가지고 상상력과 창의력을 기른다.
> 라. 일상에서 아름다움을 느끼고 문화적 감수성을 기른다.
> 마. 사람과 자연을 존중하고 배려하며 소통하는 태도를 기른다.

(4) 누리과정의 목적에서는 '🌑🌑 를 통해'라는 표현을 제시하여 유아기의 고유한 특성을 강조하였다.

(5) 또한 전통적으로 유아교육에서 강조해 온 '① 🌑🌑 의 건강', '조화로운 ② 🌑🌑'과 '③ 🌑🌑 시민'의 가치를 반영하였다.

(6) 인성의 중요성이 사회 전반에 걸쳐 강조되고 있다는 점을 반영하여 이번 개정 누리과정의 목적에 '🌑🌑 인성'을 추가하였다.

(7) 누리과정의 다섯 가지 목표에서는 추구하는 인간상의 구체적인 🌑🌑 을 설명하고 있다.

(8) 이와 같이 누리과정의 추구하는 인간상, 목적, 목표는 체계적으로 🌑🌑 되어 있다.

(1) ① 목적
　　② 특성
　　③ 교육
(2) 유아기
(3) ① 목표
　　② 인간상
　　③ 성장

(4) 놀이
(5) ① 심신
　　② 발달
　　③ 민주
(6) 바른
(7) 내용
(8) 연계

(1) ① 소중함
② 건강
③ 안전
(2) ① 놀이
② 경험
(3) 지속
(4) 소중히
(5) ① 신체
② 대처
(6) ① 습관
② 건강

(1) ① 스스로
② 해결
(2) ① 적극적
② 확장
(3) ① 주도적
② 자율적
(4) ① 표현
② 책임감
(5) ① 스스로
② 자주적

가. 자신의 소중함을 알고, 건강하고 안전한 생활 습관을 기른다.

(1) 개정 누리과정은 유아가 자신의 ① ⭐⭐⭐ 을 알고, ② ⭐⭐ 하고 ③ ⭐⭐ 하게 생활할 수 있도록 돕는 것을 목표로 한다.

(2) 유아는 ① ⭐ 를 통해 몸을 마음껏 움직이며 자신의 감정과 욕구에 귀를 기울여 조절하는 ② ⭐⭐ 을 한다.

(3) 또한 유아에게는 일상에서 환경의 변화에 적응하는 데 필요한 건강하고 안전한 생활을 ⭐⭐ 적으로 경험하는 것이 중요하다.

(4) 유치원과 어린이집은 유아가 자신의 몸과 마음에 대한 긍정적인 생각을 키워, 자신을 ⭐⭐⭐ 여기는 사람으로 성장하도록 도와야 한다.

(5) 또한 유아가 자신의 ① ⭐⭐ 리듬에 맞게 생활하고, 위험한 상황에 ② ⭐⭐ 하는 방법들을 배울 수 있도록 지원해야 한다.

(6) 누리과정을 통해 유아는 자신의 소중함을 알게 되고, 건강하고 안전한 생활 ① ⭐⭐ 을 기르는 경험을 하며 ② ⭐⭐ 한 사람으로 성장해 나간다.

나. 자신의 일을 스스로 해결하는 기초능력을 기른다.

(1) 개정 누리과정은 유아가 자신의 생각과 능력을 알고, 자신감을 바탕으로 자신의 일을 ① ⭐⭐⭐ 결정하고 ② ⭐⭐ 하기 위해 필요한 기초능력을 기르도록 돕는 것을 목표로 한다.

(2) 유아는 자신이 하고 싶은 놀이에 ① ⭐⭐⭐ 으로 참여하고 다양한 시도를 통해 자신이 좋아하고 잘할 수 있는 일에 대해 알아 가며, 자신이 가진 여러 가지 능력을 ② ⭐⭐ 하는 경험이 필요하다.

(3) 유치원과 어린이집은 유아가 자신을 이해하고 소중히 여기며 자신의 일을 ① ⭐⭐⭐ 이고 ② ⭐⭐⭐ 으로 해결해 나가는 사람으로 성장하도록 도와야 한다.

(4) 또한 유아가 다른 사람과 함께 생활하는 동안 자신의 생각을 자신 있게 ① ⭐⭐ 하며, 주어진 일에 ② ⭐⭐⭐ 을 가지고 해결해 나갈 수 있도록 지원해야 한다.

(5) 누리과정을 통해 유아는 자신의 일을 ① ⭐⭐⭐ 해결하는 기초능력을 길러 ② ⭐⭐⭐ 인 사람으로 성장해 나간다.

다. 호기심과 탐구심을 가지고 상상력과 창의력을 기른다.

(1) 개정 누리과정은 유아가 주변 세계에 대해 ① 을 가지고 ② ⬠⬠하는 과정을 통해 풍부한 ③ ⬠⬠⬠과 ④ ⬠⬠⬠을 기를 수 있도록 돕는 것을 목표로 한다.

(2) ⬠⬠를 통해 유아는 한 번도 해 보지 않은 독특한 상상을 하고 누구도 생각하지 못한 새로운 생각을 만들어 낸다.

(3) 유치원과 어린이집은 유아가 주변 세계에 대한 ⬠⬠⬠을 가지고 자유롭게 상상하며, 융통성 있는 발상의 전환을 지원한다.

(4) 또한 새로운 일에 대한 열린 ① ⬠⬠와 도전 ② ⬠⬠을 가지고 미래에 필요한 독창적인 능력을 키울 수 있도록 도와야 한다.

(5) 누리과정을 통해 유아는 ① ⬠⬠⬠과 ② ⬠⬠⬠을 가지고 ③ ⬠⬠⬠과 ④ ⬠⬠⬠을 길러 ⑤ ⬠⬠⬠인 사람으로 성장해 나간다.

(1) ① 호기심
    ② 탐구
    ③ 상상력
    ④ 창의력
(2) 놀이
(3) 호기심
(4) ① 태도
    ② 정신
(5) ① 호기심
    ② 탐구심
    ③ 상상력
    ④ 창의력
    ⑤ 창의적

라. 일상에서 아름다움을 느끼고 문화적 감수성을 기른다.

(1) 개정 누리과정은 유아가 자연과 문화에 대한 ① ⬠⬠⬠을 바탕으로, 일상 속에서 ② ⬠⬠⬠을 느끼고 즐기는 마음을 가지도록 돕는 것을 목표로 한다.

(2) 유아는 자신이 느낀 아름다움과 경이로움, 시적인 감수성을 예술적으로 ① ⬠⬠하는 과정을 즐기며, 자연과 문화에 대해 열린 마음을 가지고 ② ⬠⬠하는 경험이 필요하다.

(3) 유치원과 어린이집은 유아가 놀이를 통하여 문화적 ① ⬠⬠ 능력과 심미적 ② ⬠⬠⬠을 키워 갈 수 있도록 도와야 한다.

(4) 누리과정을 통해 유아는 일상에서 ① ⬠⬠⬠⬠을 느끼고 문화적 ② ⬠⬠⬠이 풍부한 사람으로 성장해 나간다.

(1) ① 감수성
    ② 아름다움
(2) ① 표현
    ② 향유
(3) ① 공감
    ② 감수성
(4) ① 아름다움
    ② 감수성

(1) ① 사랑
    ② 존중
    ③ 배려
    ④ 소통
(2) 관계
(3) ① 갈등
    ② 해결
(4) ① 공동체
    ② 민주
(5) ① 사람
    ② 자연
    ③ 더불어

마. 사람과 자연을 존중하고 배려하며 소통하는 태도를 기른다.

(1) 개정 누리과정은 유아가 자연을 ①⭐⭐하고 다른 사람을 ②⭐⭐하고 ③⭐⭐하며 서로 ④⭐⭐할 수 있는 태도를 기르도록 돕는 것을 목표로 한다.

(2) 유아는 가족과 친구, 이웃과 ⭐⭐를 맺고 필요할 때 도움을 주고받으며 살아 간다.

(3) 또한 유아는 자신과 생각이 다른 사람들과 ①⭐⭐을 겪을 수도 있으나 이를 원만하게 ②⭐⭐해 보는 경험도 필요하다.

(4) 유치원과 어린이집은 유아가 놀이를 통하여 자연을 소중히 여기고 다른 사람과 협력하며 소통하는 방법을 경험할 수 있는 기회를 제공하여, ①⭐⭐⭐ 의 식과 ②⭐⭐ 시민의 역량을 키워 갈 수 있도록 도와야 한다.

(5) 누리과정을 통해 유아는 ①⭐⭐과 ②⭐⭐을 존중하고 배려하며 소통하 는 태도를 길러 ③⭐⭐⭐ 사는 사람으로 성장해 나간다.

◎ 추구하는 인간상, 목표, 5개 영역과의 연계성

(1) 교사는 개정 누리과정에서 추구하는 ① ⭐⭐⭐ 그리고 ② ⭐⭐과 ③ ⭐⭐를 5개 영역의 내용과 연계하여 이해하는 것이 필요하다.

(2) 추구하는 인간상, 그리고 목적과 목표는 다소 ① ⭐⭐적이며 유아의 ② ⭐⭐ 모습이라고 생각될 수 있다.

(3) 그러나 유아는 현재의 경험을 통하여 미래로 성장해 간다는 점에서 누리과정은 유아가 현재 ⭐⭐하는 내용이 중요함을 강조하고 있다.

(4) 유아는 5개 영역의 내용을 일상적으로 경험하며 궁극적으로 추구하는 인간상을 향하여 ⭐⭐해 간다.

(5) 누리과정의 목표는 5개 영역의 목표와 일대일 대응 관계가 아니며, 59개의 내용에 고르게 분포되어 있다.

정답

(1) ① 인간상
　　② 목적
　　③ 목표
(2) ① 추상
　　② 미래
(3) 경험
(4) 성장

❗ 이것만은 꼭!!

추구하는 인간상				
건강한 사람	자주적인 사람	창의적인 사람	감성이 풍부한 사람	더불어 사는 사람
목표				
자신의 소중함을 알고, 건강하고 안전한 생활 습관을 기른다.	자신의 일을 스스로 해결하는 기초능력을 기른다.	호기심과 탐구심을 가지고 상상력과 창의력을 기른다.	일상에서 아름다움을 느끼고 문화적 감수성을 기른다.	사람과 자연을 존중하고 배려하며 소통하는 태도를 기른다.
↘↙↗	↕↙↗	↙↕↗	↘↙↗	↕↙↗↘
5개 영역				
신체운동 · 건강	의사소통	사회관계	예술경험	자연탐구

3. 구성의 중점

구성의 중점은 개정 누리과정을 구성할 때, 주요하게 고려한 점을 말한다.

이것만은 꼭!!

누리과정 구성의 중점은 다음과 같다.
가. 3~5세 모든 유아에게 적용할 수 있도록 구성한다.
나. 추구하는 인간상 구현을 위한 지식, 기능, 태도 및 가치를 반영하여 구성한다.
다. 신체운동·건강, 의사소통, 사회관계, 예술경험, 자연탐구의 5개 영역을 중심으로 구성한다.
라. 3~5세 유아가 경험해야 할 내용으로 구성한다.
마. 0~2세 보육과정 및 초등학교 교육과정과의 연계성을 고려하여 구성한다.

(1) ① 3~5
　　② 유아
(2) ① 공통적
　　② 일반적
(3) ① 연령
　　② 발달
　　③ 장애
　　④ 종교
　　⑤ 가족
　　⑥ 지역
　　⑦ 배제
　　⑧ 차별
(4) ① 관심사
　　② 능력
　　③ 요구

가. 3~5세 모든 유아에게 적용할 수 있도록 구성한다.

(1) 개정 누리과정은 유치원과 어린이집에 다니는 ① 　~　세 모든 ② 　　에게 적용할 수 있도록 구성하였다.

(2) 개정 누리과정은 국가 수준의 교육과정으로서 유치원과 어린이집에 다니는 3~5세 유아가 경험해야 할 ① 　　이고 ② 　　 기준을 제시하여 모든 3~5세 유아가 양질의 교육 경험을 할 수 있도록 구성하였다.

(3) 모든 유아란 ① 　　, ② 　　, ③ 　　, ④ 　　 나 ⑤ 　　 구성, ⑥ 　　 등의 사회·경제적 배경과 문화적 배경에 의해 ⑦ 　　되거나 ⑧ 　　 받지 않는다는 것을 의미한다.

(4) 아울러 유아의 ① 　　, ② 　　, 발달적 ③ 　　 등의 차이를 존중하여 구성한다.

(1) ① 지식
　　② 기능
　　③ 태도
　　④ 가치
(2) 역량
(3) 역량

나. 추구하는 인간상 구현을 위한 지식, 기능, 태도 및 가치를 반영하여 구성한다.

(1) ① 　　, ② 　　, ③ 　　 및 ④ 　　는 교육과정 구성 과정에서 중요하게 고려해야 할 요소이다.

(2) 'OECD 교육 2030'을 통해 살펴본 최근 교육과정의 국제적 동향은 지식, 기능, 태도 및 가치를 미래 사회 　　 과 연계하여 설명하고 있다.

(3) 「2015 개정 초·중등학교 교육과정」에서도 지식, 기능, 태도 및 가치를 '미래형 교육과정에서 지향하는 　　' 과 연계하여 설명하고 있다.

(4) 배움의 주체로서 학습자는 ⭐⭐ 중심 교육과정을 통해 지식, 기능, 태도 및 가치를 경험하며, 이를 바탕으로 주도적으로 배움의 방향을 찾아가며 궁극적으로 개인과 사회의 안녕을 추구해 갈 수 있다.

(5) 개정 누리과정에서는 추구하는 ① ⭐⭐⭐ 구현을 위해 지식, 기능, 태도 및 가치를 유아가 놀이하며 배우는 ② ⭐⭐ 과 연계하여 제시하였으며, 지식, 기능, 태도 및 가치를 누리과정 전반에 반영하였다.

(6) 따라서 유아는 유치원과 어린이집에서 즐겁게 놀이하며 배우는 과정을 통해 ① ⭐⭐, ② ⭐⭐, ③ ⭐⭐ 및 ④ ⭐⭐ 를 자연스럽게 경험하며 형성할 수 있다.

(7) 교사는 유아가 ① ⭐⭐ 속에서 이러한 지식, 기능, 태도 및 가치를 자연스럽게 경험하면서 추구하는 인간상을 향하여 성장해 가도록 ② ⭐⭐ 할 수 있다.

다. 신체운동·건강, 의사소통, 사회관계, 예술경험, 자연탐구의 5개 영역을 중심으로 구성한다.

(1) 개정 누리과정은 기존 누리과정이 제시한 ① ⭐⭐⭐⭐·⭐⭐⭐, ② ⭐⭐⭐⭐, ③ ⭐⭐⭐⭐, ④ ⭐⭐⭐⭐, ⑤ ⭐⭐⭐⭐ 등의 5개 영역의 명칭을 그대로 유지하였다.

(2) 각 영역은 유아가 누리과정을 통하여 자연스럽게 ⭐⭐ 하거나 ⭐⭐ 해야 하는 교육내용을 5개 영역으로 나누어 제시한 것이다.

(3) 다만 개정 누리과정의 5개 영역을 분절하여 이해하거나 특정 교과 또는 연령별로 가르쳐야 하는 세부 내용으로 이해하지 않도록 유의할 필요가 있다.

(4) 유아의 경험은 대부분 ① ⭐⭐ 를 통해 이루어지고 이러한 놀이는 5개 영역 내용을 통합적으로 포함하고 있으므로, 유아·놀이 중심 교육과정의 운영은 곧 5개 영역의 ② ⭐⭐⭐ 실천으로 이해해야 한다.

라. 3~5세 유아가 경험해야 할 내용으로 구성한다.

(1) 개정 누리과정은 ① ⭐ 개 영역의 내용을 총 ② ⭐⭐ 개 내용으로 ③ ⭐⭐⭐ 하고, 이를 유아가 ④ ⭐⭐ 해야 할 내용으로 명시하였다.

(2) 이러한 경험은 유아가 직접 하는 것이므로 궁극적으로 개정 누리과정은 유아가 ⭐⭐ 가 되는 교육과정을 말한다.

(4) 역량
(5) ① 인간상
② 경험
(6) ① 지식
② 기능
③ 태도
④ 가치
(7) ① 놀이
② 지원

(1) ① 신체운동·건강
② 의사소통
③ 사회관계
④ 예술경험
⑤ 자연탐구
(2) 경험
(4) ① 놀이
② 통합적

(1) ① 5
② 59
③ 간략화
④ 경험
(2) 주체

(3) ① 체험
② 실제
(4) ① 놀이
② 존중
③ 지원
(5) ① 연령
② 3~5
(6) ① 연령
② 발달
(7) 경험

(3) 또한 경험은 유아가 생활하며 직접 ① 한다는 점에서 추상적 지식이 아닌 교육과정의 ② 를 의미하기도 한다.

(4) 유아의 경험 대부분은 ① 를 통하여 이루어지므로, 교사는 유아가 놀이를 통해 배우는 실제 내용을 ② 하고 ③ 해 가면서 자연스럽게 유아·놀이 중심 교육과정을 실천할 수 있다.

(5) 개정 누리과정은 5개 영역의 내용을 ① 구분 없이 ② ~ 세 유아가 모두 경험할 수 있는 내용으로 제시하였다.

(6) 교사는 유아를 정해진 기준에 따라 예단하여 이해하지 않고, 유아가 자신의 ① 과 ② 에 따라 자연스럽게 놀이하며 배우는 경험을 있는 그대로 이해할 필요가 있다.

(7) 또한 연령에 따라 많은 세부 내용을 가르쳐야 한다는 부담을 내려놓고 유아가 스스로 놀이하며 배우는 을 중심으로 누리과정을 운영해 가도록 한다.

마. 0~2세 보육과정 및 초등학교 교육과정과의 연계성을 고려하여 구성한다.

(1) ① 0~2
② 초등학교
(2) 연계
(3) ① 체계
② 형식
(4) ① 유아기
② 특성
(5) ① 상회
② 단절
③ 전이

(1) 개정 누리과정은 ① ~ 세 보육과정 및 ② 교육과정과의 연계성을 강조하였다.

(2) 먼저 0~2세 보육과정 내용과 3세 유아의 경험이 분절되지 않고 자연스럽게 되도록 구성하였다.

(3) 또한 초등학교 교육과정과의 연계를 위하여 교육내용의 계열성을 포함하여 ① 와 ② 을 통일하여 구성하고자 하였다.

(4) 특히 추구하는 인간상, 목적과 목표 등에서는 초등학교 교육과정과 형식은 통일하되, ① 의 고유한 ② 이 드러나도록 내용을 구성하였다.

(5) 5개 영역의 내용은 초등학교 교육내용을 ① 하지 않도록 유의하여 구성하되, 3~5세의 경험과 초등학교 1학년에서의 경험이 ② 되지 않고, 유아들이 순조롭게 ③ 하도록 돕고자 하였다.

Ⅲ 누리과정의 운영

1. 편성·운영

편성·운영은 유치원과 어린이집에서 ① ·② 중심 교육과정을 편성하고 운영하기 위해 고려해야 할 ③ 기준을 안내한 것이다.

① 유아
② 놀이
③ 공통적

> ### ! 이것만은 꼭!!
>
> **다음의 사항에 따라 누리과정을 편성·운영한다.**
> 가. 1일 4~5시간을 기준으로 편성한다.
> 나. 일과 운영에 따라 확장하여 편성할 수 있다.
> 다. 누리과정을 바탕으로 각 기관의 실정에 적합한 계획을 수립하여 운영한다.
> 라. 하루 일과에서 바깥 놀이를 포함하여 유아의 놀이가 충분히 이루어지도록 편성하여 운영한다.
> 마. 성, 신체적 특성, 장애, 종교, 가족 및 문화적 배경 등으로 인한 차별이 없도록 편성하여 운영한다.
> 바. 유아의 발달과 장애 정도에 따라 조정하여 운영한다.
> 사. 가정과 지역사회와의 협력과 참여에 기반하여 운영한다.
> 아. 교사 연수를 통해 누리과정의 운영이 개선되도록 한다.

가. 1일 4~5시간을 기준으로 편성한다.

(1) 3~5세 모든 유아에게 공통 교육과정을 제공하기 위해 유치원과 어린이집에서 편성해야 할 누리과정 운영 시간은 1일 ~시간이다.

(2) 누리과정 운영 시간은 유아가 중심이 되고 놀이가 살아나는 ① ·② 중심 교육과정의 ③ 시간이며 동시에 국가가 누리과정 운영에 필요한 행정적·재정적 ④ 을 하는 시간을 의미한다.

(1) 4~5
(2) ① 유아
② 놀이
③ 운영
④ 지원

나. 일과 운영에 따라 확장하여 편성할 수 있다.

(1) 유치원과 어린이집은 1일 ① ~시간의 누리과정 운영 시간 외에도 운영 시간을 ② 하여 편성·운영할 수 있다.

(2) 유치원과 어린이집의 운영 시간에 대한 기준이 다르므로, 각 기관의 ① 과 지역적 ② 을 반영하여 ③ 있게 편성·운영한다.

(1) ① 4~5
② 확장
(2) ① 실정
② 특성
③ 융통성

(3) ① 확장
    ② 유아
    ③ 놀이

(1) ① 실정
    ② 계획
(2) ① 기관
    ② 학급
    ③ 지원
    ④ 과정
(3) 자율성
(4) ① 교육
    ② 보육
    ③ 가치
    ④ 기록

(1) ① 교육철학
    ② 특성
    ③ 요구
    ④ 자율적
(2) ① 계획안
    ② 특성
    ③ 변경
(3) ① 종류
    ② 형식
    ③ 분량
(4) ① 통합
    ② 활용
(5) ① 내용
    ② 기록
    ③ 공유

(3) 누리과정 운영 시간 이후, 운영 시간을 ① 하여 편성·운영할 경우에도 개정 누리과정이 지향하는 ② ⭐⭐·③ ⭐⭐ 중심 교육과정이 이루어질 수 있도록 한다.

다. 누리과정을 바탕으로 각 기관의 실정에 적합한 계획을 수립하여 운영한다.

(1) 유치원과 어린이집은 국가 수준의 교육과정인 개정 누리과정을 바탕으로 각 기관의 ① ⭐⭐ 에 따라 적합한 ② ⭐⭐ 을 수립하여 운영하여야 한다.

(2) 계획안에는 교사가 ① ⭐⭐ 과 ② ⭐⭐ (반) 수준에서 유아의 놀이를 ③ ⭐⭐ 하기 위해 필요한 사항을 미리 생각하여 준비하는 모든 ④ ⭐⭐ 이 포함될 수 있다.

(3) 개정 누리과정은 계획안 수립에 있어서 기관과 교사의 ⭐⭐⭐ 을 강조하였다.

(4) 계획안을 작성할 때에는 ① ⭐⭐ 과 ② ⭐⭐ 모두를 포괄하여 유아의 경험이 교육적 ③ ⭐⭐ 를 가지도록 놀이를 중심으로 ④ ⭐⭐ 하고 교사의 지원 방안을 기술할 필요가 있다.

ㄱ. 자율적인 계획 수립

(1) 유치원과 어린이집은 각 기관의 ① ⭐⭐⭐⭐, 가정과 지역사회의 ② ⭐⭐, 유아의 ③ ⭐⭐ 등을 반영하여 ④ ⭐⭐⭐ 으로 계획을 수립할 수 있다.

(2) 교사는 기존에 활용하였던 연간, 월간, 주간, 일일 ① ⭐⭐⭐ 을 기관 및 학급(반)의 ② ⭐⭐ 에 적합하게 ③ ⭐⭐ 하여 사용할 수 있다.

(3) 즉 계획안의 ① ⭐⭐, ② ⭐⭐, ③ ⭐⭐ 등을 자율적으로 조정하여 작성할 수 있다.

(4) 예를 들어, 기관 수준에서 매년 작성하는 연간 계획 이외에 월간과 주간, 주간과 일일 계획을 ① ⭐⭐ 하거나 기관과 담당 학급(반) 특성에 따라 간단한 일지 등을 ② ⭐⭐ 하여 계획안을 작성할 수 있다.

(5) 또한 기관에서 배부하는 계획안은 유아가 활동할 내용을 미리 계획하여 안내하는 방식에서 유아가 실제 놀이한 ① ⭐⭐ 과 배움에 대한 ② ⭐⭐ 을 ③ ⭐⭐ 하는 방식으로 변화할 수도 있다.

ㄴ. 유아의 놀이를 지원하는 계획안 작성

(1) 유아가 주도하는 놀이는 미리 계획하여 운영하기 어렵기 때문에 교사는 유아가 놀이하며 경험한 내용을 중심으로 ⭐⭐⭐을 기술할 수 있다.

(2) 기존에 계획안을 자유선택활동, 대·소집단활동, 바깥 놀이 등을 포함하는 정해진 형식에 맞추어 기술해 왔다면 개정 누리과정에서의 계획안은 유아가 ① ⭐⭐ 놀이한 내용 및 놀이를 ② ⭐⭐ 하는 내용을 포함하되 ③ ⭐⭐ 인 형식으로 바꾸어 볼 수 있다.

(3) 이것은 유아가 실제 경험한 놀이 내용과 그에 따른 교사의 놀이 지원 계획을 기술하는 형식으로, 기존의 방식에 비해 ① ⭐⭐ 계획을 ② ⭐⭐⭐하여 계획을 수립한다는 특징이 있다.

(4) 교사는 필요에 따라 ① ⭐⭐과 관련된 사항, 유아 특성에 따라 ② ⭐⭐적으로 지원해야 하는 사항 등을 계획할 수 있다.

(5) 계획안을 ① ⭐⭐⭐으로 작성하고, ② ⭐⭐ 계획을 ③ ⭐⭐⭐함으로써 교사는 유아가 주도하는 놀이를 적극적으로 지원할 수 있다.

(6) 단, 교사는 ① ⭐⭐⭐인 ② ⭐⭐ 수립의 의미를 계획안을 작성하지 않아도 된다거나 단순히 업무를 줄이는 방식으로 이해하지 않도록 유의해야 한다.

(1) 계획안
(2) ① 실제
② 지원
③ 자율적
(3) ① 사전
② 최소화
(4) ① 안전
② 개별
(5) ① 자율적
② 사전
③ 최소화
(6) ① 자율적
② 계획

라. 하루 일과에서 바깥 놀이를 포함하여 유아의 놀이가 충분히 이루어지도록 편성하여 운영한다.

유아·놀이 중심 교육과정에서는 교사가 미리 계획하여 하루 일과를 운영하기보다는 유아의 흥미와 관심에 따라 ① ⭐⭐를 충분히 즐길 수 있도록 ② ⭐⭐⭐으로 ③ ⭐⭐·④ ⭐⭐ 하는 것이 중요하다.

① 놀이
② 탄력적
③ 편성
④ 운영

ㄱ. 융통성 있는 하루 일과 운영

(1) 유치원과 어린이집의 하루 일과는 유아가 ① ⭐⭐ 하는 ② ⭐⭐를 중심으로 편성·운영하도록 한다.

(2) 유아는 하루 일과에서 놀이, 일상생활, 활동 등을 하면서 다양한 ⭐⭐을 한다.

(3) ① ⭐⭐는 바깥 놀이를 포함하여 하루 일과 중 가장 ②(길 / 짧)게, ③ ⭐⭐⭐으로 편성·운영하여 유아가 충분히 놀이할 수 있도록 한다.

(1) ① 주도
② 놀이
(2) 경험
(3) ① 놀이
② 길
③ 우선적

(4) 신체
(5) ① 활동
    ② 지원
(6) 계획
(7) ① 흐름
    ② 융통성

(1) ① 흐름
    ② 놀이
    ③ 몰입
(2) ① 2
    ② 융통성
(3) ① 미세먼지
    ② 날씨

(1) ① 성
    ② 특성
    ③ 장애
    ④ 종교
    ⑤ 배경
    ⑥ 차별
    ⑦ 배려
(2) ① 특성
    ② 편견

(4) 일상생활에 포함되는 등원, 손 씻기, 화장실 다녀오기, 간식, 점심, 낮잠, 휴식 등은 유아의 ⭐⭐적 리듬을 반영하여 편성·운영함으로써 유아들이 즐겁게 하루를 보낼 수 있도록 한다.

(5) ①⭐⭐은 유아가 놀이를 통한 배움을 확장해 갈 수 있도록 돕는 교사의 ②⭐⭐이다.

(6) 교사는 유아가 주도하는 놀이를 지원하기 위해 필요에 따라 활동을 ⭐⭐하여 운영할 수 있다.

(7) 교사는 미리 계획한 활동을 모두 해야 한다거나 정해진 순서대로 일과를 운영해야 한다는 부담을 내려놓고 유아가 주도하는 놀이의 ①⭐⭐에 따라 ②⭐⭐⭐ 있게 일과를 운영하도록 한다.

ㄴ. 2시간 이상의 충분한 놀이 시간 운영

(1) 놀이 시간은 짧게 여러 번 제공하기보다 긴 시간으로 편성하여 놀이의 ①⭐⭐이 끊기지 않고 유아가 충분히 ②⭐⭐하고 ③⭐⭐할 수 있도록 한다.

(2) 교사는 바깥 놀이를 포함하여 놀이 시간을 ①⭐시간 이상 확보하되, 날씨와 계절, 기관의 상황, 유아의 관심사와 놀이 특성 등을 고려하여 ②⭐⭐⭐ 있게 편성·운영한다.

(3) 예를 들어, 하루 일과에서 바깥 놀이는 ①⭐⭐⭐⭐, ②⭐⭐ 등을 고려하여 실내 놀이로 편성·운영할 수 있고, 다른 날은 바깥 놀이를 길게 편성할 수도 있다.

마. 성, 신체적 특성, 장애, 종교, 가족 및 문화적 배경 등으로 인한 차별이 없도록 편성하여 운영한다.

(1) 누리과정은 유아가 ①⭐⭐, 신체적 ②⭐⭐, ③⭐⭐, ④⭐⭐, 가족 및 문화적 ⑤⭐⭐ 등으로 인해 ⑥⭐⭐ 받지 않고 서로 ⑦⭐⭐하는 마음을 가지도록 편성·운영해야 한다.

(2) 유아가 다른 사람을 대할 때 자신과 상대와의 다른 점을 틀린 것이 아니라 다른 ①⭐⭐으로 받아들이고 ②⭐⭐ 없이 대할 수 있도록 지원해야 한다.

(3) 교사는 성별, 신체적 특징 및 장애 유무에 따라 유아를 ① ⭐⭐ 하고 ② ⭐⭐ 하거나 ③ ⭐⭐⭐ 을 주지 말아야 하며 유아에게 고정적인 ④ ⭐ 역할과 특정 ⑤ ⭐⭐ 를 강요해서는 안 된다.

(4) 또한 유아들에게 다양한 가족 형태 및 문화적 배경을 이해할 수 있는 경험을 제공하여 ① ⭐⭐⭐ 을 존중하고 ② ⭐⭐ 할 수 있도록 지원한다.

바. 유아의 발달과 장애 정도에 따라 조정하여 운영한다.

(1) 유아의 놀이는 ① ⭐⭐ 및 ② ⭐⭐ 적 특성에 따라 다양한 모습으로 나타난다.

(2) 같은 연령의 유아들일지라도 흥미, 관심, 경험, 발달, 가정의 문화 등 많은 부분에서 차이가 있으므로, 교사는 유아가 자신에게 적합한 방식으로 ⭐⭐ 할 수 있도록 누리과정을 조정하여 운영한다.

(3) ① ⭐⭐ 지연 또는 ② ⭐⭐ 유아도 또래 유아와 함께 하는 경험이 필요하다.

(4) 따라서 교사는 특별한 ① ⭐⭐ 를 가진 유아가 ② ⭐⭐ 없이 또래와 더불어 생활하고 함께 놀이하도록 지원해야 한다.

(5) 교사는 모든 유아가 보편적인 환경에 접근하고 참여할 수 있도록 교육 ① ⭐⭐, 교육 ② ⭐⭐, 교육 ③ ⭐⭐ 등을 조정하여 운영할 수 있다.

(6) 또한 유치원과 어린이집에서는 ① ⭐⭐ 학급 또는 ② ⭐⭐ 학급을 편성하여 운영할 수 있다.

(7) 교사는 장애 유아의 특성과 요구를 파악하여 ① ⭐⭐⭐ 교육 계획을 수립하고, 개별 장애 유아의 교육적 ② ⭐⭐ 에 적합한 교육이 이루어지도록 한다.

(8) 이때 교육과정의 효과적인 운영을 위해 부모, 특수교사, 사회복지사, 의료진 등 ① ⭐⭐ 과 관련 기관의 ② ⭐⭐⭐ 와 서로 ③ ⭐⭐ 하고 ④ ⭐⭐ 하는 것이 중요하다.

(9) 필요에 따라 특별히 고안된 장치나 보조기구, 자료를 활용하여 유아가 장애로 인한 불편함을 덜 느낄 수 있도록 ⭐⭐ 한다.

사. 가정과 지역사회와의 협력과 참여에 기반하여 운영한다.

(1) 유아가 속해 있는 ① ⭐⭐, ② ⭐⭐, ③ ⭐⭐⭐⭐ 등은 모두 교육과정의 주체이므로, 상호 ④ ⭐⭐ 하고 ⑤ ⭐⭐ 해야 한다.

(2) 유아·놀이 중심 교육과정을 운영하기 위해서는 무엇보다 ⭐⭐ 의 역할이 중요하다.

---

(3) ① 비교
② 평가
③ 불이익
④ 성
⑤ 종교
(4) ① 다양성
② 배려

(1) ① 연령
② 발달
(2) 놀이
(3) ① 발달
② 장애
(4) ① 요구
② 차별
(5) ① 환경
② 내용
③ 방법
(6) ① 특수
② 통합
(7) ① 개별화
② 요구
(8) ① 가족
② 전문가
③ 소통
④ 협력
(9) 지원

(1) ① 가정
② 기관
③ 지역사회
④ 연계
⑤ 협력
(2) 부모

(3) ① 가정
　② 지원
(4) ① 참여
　② 간담회
　③ 워크숍
　④ 상담
(5) 자원
(6) ① 지역사회
　② 관심
(7) 확장
(8) 상호

(3) 부모는 유아의 놀 권리와 즐겁게 놀이하며 배우는 놀이의 가치를 이해하여 ① ⭐⭐ 에서 유아의 놀이를 ② ⭐⭐ 해야 한다.

(4) 이를 위해 유치원과 어린이집에서는 부모 ① ⭐⭐ , ② ⭐⭐⭐ , ③ ⭐⭐⭐ , ④ ⭐⭐ 등 다양한 기회를 마련하여 부모의 역할을 지원할 필요가 있다.

(5) 지역사회는 유아의 다양한 경험을 지원하는 풍부한 ⭐⭐ 이다.

(6) 따라서 유치원과 어린이집에서는 유아들이 ① ⭐⭐⭐⭐ 의 여러 기관이나 장소를 직접 경험하면서 ① ⭐⭐⭐⭐ 에 ② ⭐⭐ 을 가질 수 있도록 지원해야 한다.

(7) 예를 들어 유치원과 어린이집에서는 기관이 위치한 지역사회 특성에 따라 지역사회 문화예술단체와 시설, 공공기관 및 지역 인사 등을 활용하여 유아의 경험을 ⭐⭐ 할 수 있는 기회를 마련하고 지원할 수 있다.

(8) 또한 유치원과 어린이집을 지원하는 공공기관과의 ⭐⭐ 협의를 통해 누리과정 운영이 원활히 이루어질 수 있도록 한다.

아. 교사 연수를 통해 누리과정의 운영이 개선되도록 한다.

(1) ① 지원
　② 주체
　③ 전문가
(2) ① 실행자
　② 지원
(3) 연수
(4) ① 연수
　② 자율
(5) ① 교육
　② 공동체
　③ 소모임
(6) ① 연수
　② 개선

(1) 교사는 유아의 놀이와 배움을 ① ⭐⭐ 하는 교육과정의 ② ⭐⭐ 이자 유아와 함께 배우고 성장하는 ③ ⭐⭐⭐ 이다.

(2) 개정 누리과정에서는 누리과정의 ① ⭐⭐⭐ 로서 유아의 놀이를 ② ⭐⭐ 하는 교사의 역할을 강조하고 있다.

(3) 누리과정의 실천과 지속적인 개선을 위해서는 교사 ⭐⭐ 가 필수적이다.

(4) 유치원과 어린이집을 지원하는 국가 및 지역 기관에서는 다양한 형태의 교사 ① ⭐⭐ 를 마련하고, 교사가 ② ⭐⭐ 적으로 참여할 수 있는 기회를 제공해야 한다.

(5) 교사 연수는 교사가 참여하는 다양한 유형의 ① ⭐⭐ , 배움 ② ⭐⭐⭐ , ③ ⭐⭐⭐ 등을 포함한다.

(6) 교사는 누리과정에 대한 이해 및 필요 정도에 따라 자발적으로 ① ⭐⭐ 에 참여하여 누리과정 운영을 ② ⭐⭐ 해 가도록 한다.

2. 교수 · 학습

교수·학습은 유아가 즐겁게 놀이하며 스스로 배울 수 있도록 교사가 지원할 때 고려해야 할 사항이다.

> **⚠ 이것만은 꼭!!**
>
> **교사는 다음 사항에 따라 유아를 지원한다.**
> 가. 유아가 흥미와 관심에 따라 놀이에 자유롭게 참여하고 즐기도록 한다.
> 나. 유아가 놀이를 통해 배우도록 한다.
> 다. 유아가 다양한 놀이와 활동을 경험할 수 있도록 실내외 환경을 구성한다.
> 라. 유아와 유아, 유아와 교사, 유아와 환경 간에 능동적인 상호작용이 이루어지도록 한다.
> 마. 5개 영역의 내용이 통합적으로 유아의 경험과 연계되도록 한다.
> 바. 개별 유아의 요구에 따라 휴식과 일상생활이 원활히 이루어지도록 한다.
> 사. 유아의 연령, 발달, 장애, 배경 등을 고려하여 개별 특성에 적합한 방식으로 배우도록 한다.

(1) 유아 중심 및 놀이 중심을 추구하는 개정 누리과정에서는 교사를 유아의 놀이 ⭐⭐⭐ 로 제안하고 있다.

(2) 교사는 놀이의 ① ⭐⭐, ② ⭐⭐, ③ ⭐⭐ 를 이해하여 유아가 즐겁게 놀이하면서 배우는 경험을 지원할 수 있다.

(3) 교사는 적절하게 환경을 ① ⭐⭐ 하고, 유아와 바람직한 ② ⭐⭐⭐⭐ 을 하여 유아가 놀이에 몰입하고 놀이를 확장하도록 돕는 역할을 한다.

(1) 지원자
(2) ① 특성
② 의미
③ 가치
(3) ① 구성
② 상호작용

가. 유아가 흥미와 관심에 따라 놀이에 자유롭게 참여하고 즐기도록 한다.

(1) 개정 누리과정에서는 유아가 자신의 ① ⭐⭐ 와 ② ⭐⭐ 에 따라 ③ ⭐⭐ 롭게 참여하고 ④ ⭐⭐ 하는 놀이를 강조한다.

(2) 유아가 주도하는 놀이는 유아가 자신만의 ⭐⭐ 으로 자유롭게 이끌어 가는 놀이를 의미한다.

(3) 교사는 놀이에 대한 ① ⭐⭐ 를 바탕으로 유아가 주도하는 놀이를 ② ⭐⭐ 할 수 있어야 한다.

(4) 유아는 놀이하며 자신의 유능함을 드러내고 즐겁게 배우며 ⭐⭐ 한다.

(5) 일상에서 자연스럽게 자연, 사물, 사람 등을 만나며 세상과 ⭐⭐ 하는 방식은 놀이를 통해 깊어진다.

(1) ① 흥미
② 관심
③ 자유
④ 주도
(2) 방식
(3) ① 이해
② 지원
(4) 성장
(5) 교감

(6) ① 앎
    ② 방식
(7) ① 재구성
    ② 이해
(8) ① 최소화
    ② 활발
(9) ① 자유롭게
    ② 즐기는
(10) ① 의미
     ② 가치
     ③ 지원
(11) ① 존중
     ② 이해
     ③ 자료
     ④ 공간
     ⑤ 규칙
     ⑥ 안전

(6) 유아에게 놀이는 ① ⭐⭐ 이자 삶의 ② ⭐⭐ 이다.

(7) 유아는 놀이를 통해 자신이 경험한 세상을 ① ⭐⭐⭐⭐ 하며 세상에 대한 ② ⭐⭐ 를 넓혀 나간다.

(8) 유아가 주도하는 놀이는 성인의 간섭과 통제가 ① ⭐⭐⭐ 되고 유아가 다양한 놀이 환경과 만날 때 ② ⭐⭐ 하게 나타난다.

(9) 따라서 실내의 제한된 흥미 영역에서 교사가 미리 준비한 놀이를 선택하게 하는 방식보다는 유아가 ① ⭐⭐⭐⭐ 놀이하며 ② ⭐⭐⭐ 방식으로 바꾸어 갈 필요가 있다.

(10) 교사는 유아가 주도하는 놀이에 내재된 ① ⭐⭐ 와 ② ⭐⭐ 를 파악하고 그것을 이해하는 과정에서 유아에게 무엇을 ③ ⭐⭐ 해 줄 수 있을지를 발견할 수 있다.

(11) 교사는 놀이 상황과 맥락에 따라 새롭게 생성되는 유아의 놀이를 ① ⭐⭐ 하고 ② ⭐⭐ 하면서 유아가 필요로 하는 놀이 ③ ⭐⭐, 놀이 ④ ⭐⭐, 놀이 ⑤ ⭐⭐ 과 ⑥ ⭐⭐ 등을 고려하여 필요한 지원을 할 수 있다.

나. 유아가 놀이를 통해 배우도록 한다.

(1) 개정 누리과정은 ① ⭐⭐ 를 통한 유아의 ② ⭐⭐ 을 강조하고 있다.

(2) 유아는 어디서나 자유롭게 놀이하며 배울 수 있지만, 특히 교육과정으로서 누리과정을 운영하는 유치원과 어린이집에서 이루어지는 유아의 놀이는 교사의 ① ⭐⭐ 을 통해 더욱 유의미한 ② ⭐⭐ 이 될 수 있다.

(3) 교사는 다양한 방식으로 유아가 놀이를 통해 배우고 ① ⭐⭐ 할 수 있도록 돕고 ② ⭐⭐ 하는 역할을 해야 한다.

(1) ① 놀이
    ② 배움
(2) ① 지원
    ② 배움
(3) ① 성장
    ② 지원

ㄱ. 놀이를 통한 배움의 이해

(1) 유아는 ⭐⭐ 하면서 자연스럽게 세상과 교감하며 성장해 간다.

(2) ① ⭐⭐ 는 시작과 끝이 정해져 있는 것이 아니라 이어지고 끊어지며 새롭게 ② ⭐⭐ 되어 가는 연속적 ③ ⭐⭐ 이며 이는 곧 배움의 과정과 같다.

(3) 교사는 유아의 놀이를 ① ⭐⭐ 의 과정으로 이해하고 유아의 놀이를 ② ⭐⭐ 해야 한다.

(4) 개정 누리과정에서는 유아가 놀이를 통해 경험하는 배움을 ⭐ 개 영역과 연결 지어 이해할 수 있도록 안내하고 있다.

(1) 놀이
(2) ① 놀이
    ② 생성
    ③ 과정
(3) ① 배움
    ② 지원
(4) 5

(5) 개정 누리과정의 ① 개 영역, ② 개의 내용은 3~5세 유아가 유치원과 어린이집에서 경험해야 할 의미 있고 가치 있는 ③ 의 내용으로 구성되어 있다.

(6) 이는 교사가 가르쳐야 할 내용이 아닌 유아가 즐겁게 하면서 배우는 내용이다.

(7) 교사는 유아의 놀이에서 나타나는 통합적 ① 을 59개의 내용과 ② 해 보면서 유아의 놀이를 통한 배움을 이해할 수 있다.

ㄴ. 놀이와 연계한 활동을 통한 유아의 배움 지원

(1) 교사는 ① 과 ② 에도 유아의 흥미와 관심을 반영하여 유아가 즐겁게 경험하며 배우도록 지원할 수 있다.

(2) 교사가 활동을 운영할 때 유아가 주도하는 ① 의 내용과 ② 하여 유아가 즐겁게 배울 수 있도록 지원하는 것이 중요하다.

(3) 예를 들어, 현재 유아가 하고 있는 놀이에 부합하면서 유아의 ① 나 ② 과 관련된 동화 듣기, 노래 부르기, 요리하기, 게임 등을 제안하여 즐겁게 놀이하는 방식으로 ③ 을 할 수 있다.

(4) 또한 유아가 자신이 하고 있는 놀이를 친구들에게 소개하기, 놀이 규칙 정하기, 특정 관심사에 대해 함께 알아보기 등 ① 에 따라 ② 를 나누는 것도 가능하다.

(5) 만일 교사가 유아의 놀이를 지원하기 위해 다양한 활동을 계획했더라도 이는 유아의 ① 과 ② 에 따라 얼마든지 ③ 할 수 있다.

(6) 유아의 흥미나 관심 등을 고려하지 않고 미리 정해진 생활 주제에 따라 활동을 진행하기보다는 유아가 주도해 가는 놀이와 하여 활동을 진행하는 것이 바람직하다.

(7) 교사는 유아의 ① 과 ② 을 위해 필수적으로 요구되는 일상생활 ③ 지도나 ② 교육을 계획하여 운영할 수 있다.

(8) 유치원과 어린이집에서는 유아가 놀이 과 생활 을 지키고, 위험한 일이 발생하였을 때 도움을 받아 대처할 수 있는 능력을 기를 수 있도록 교육을 실시해야 한다.

(5) ① 5
② 59
③ 배움
(6) 놀이
(7) ① 경험
② 연결

(1) ① 일상생활
② 활동
(2) ① 놀이
② 연계
(3) ① 흥미
② 관심
③ 활동
(4) ① 상황
② 이야기
(5) ① 관심
② 흥미
③ 수정
(6) 연계
(7) ① 건강
② 안전
③ 습관
(8) 안전

(9) 안전 교육이 필요한 항목으로는 ①⭐⭐ 안전, ②⭐⭐ 안전, ③⭐⭐ 안전, ④⭐⭐ 에 대처하는 방법 등이 있으며, 이는 안전 교육 관련 ⑤⭐⭐ 및 ⑥⭐⭐ 등에서 제안하는 내용을 바탕으로 유아들이 이해하기 쉬운 방식으로 지도한다.

ㄷ. 자율성을 바탕으로 유아의 놀이 배움 지원

(1) 유아·놀이 중심 교육과정에서는 유아가 놀이에서 경험하는 배움을 지원하기 위해 교사의 ⭐⭐⭐ 을 강조한다.

(2) 유아는 자신에게 가장 적합한 방식으로 놀이하기 때문에 유아의 놀이는 ⭐⭐ 하기 어렵다.

(3) 교사는 유아의 ①⭐⭐, ②⭐⭐, 놀이 ③⭐⭐, ④⭐⭐, 날씨, 기관의 ⑤⭐⭐ 등을 고려하여 놀이를 지원해야 한다.

(4) 교사는 유아가 놀이하며 배울 수 있도록 상황에 따라 필요한 ①⭐⭐⭐ ⭐⭐ 을 ②⭐⭐ 적으로 할 수 있어야 한다.

(5) 예를 들어, 교사는 유아의 놀이가 자신이 계획한 주제나 활동과 다르게 이루어 지더라도 유아의 놀이를 ①⭐⭐ 하여 계획된 활동을 ②⭐⭐ 할 수 있다.

(6) 교사가 유아의 놀이를 ①⭐⭐ 한다는 것은 유아의 놀이를 바라만 보거나 방관하는 것이 아니라, 유아의 ②⭐⭐ 에 필요한 지원 내용을 생각하고, ③⭐⭐ 하고, ④⭐⭐ 하는 과정을 모두 포함한다.

(7) 예를 들어 교사는 유아가 놀이하며 경험한 내용을 ①⭐⭐ 하고, 놀이에서 나타나는 배움에 주목하여 이를 ②⭐⭐ 할 수 있다.

(8) 이러한 기록은 유아의 놀이 지원을 위한 교사의 ⭐⭐ 적 판단의 근거가 된다.

(9) 교사는 계획안을 활용하여 유아가 실제 ①⭐⭐ 한 내용을 적합한 방식으로 ②⭐⭐ 하고, 그에 따른 교사의 ③⭐⭐ 내용도 함께 작성할 수 있다.

(10) 계획안은 유아가 놀이하며 배우는 과정을 ①⭐⭐ 하는 자료가 되며, 이를 작성하면서 유아에게 필요한 놀이 ②⭐⭐ 도 함께 계획할 수 있다.

다. 유아가 다양한 놀이와 활동을 경험할 수 있도록 실내외 환경을 구성한다.

(1) 개정 누리과정에서 ① ⭐⭐ 환경은 유아가 놀이하는 실내외 모든 ② ⭐⭐과 놀이 ③ ⭐⭐를 포함한다.

(2) 유아가 보고 듣고 만지며 자유롭게 표현할 수 있는 놀이 환경은 놀이가 ① ⭐⭐하게 이루어지도록 하는 중요한 교육적 ② ⭐⭐이다.

(3) 따라서 교사는 다양한 실내외 놀이 ① ⭐⭐과 풍부한 놀이 ② ⭐⭐를 제공하여 유아의 놀이가 활성화되도록 돕는다.

ㄱ. 다양하고 안전한 실내외 놀이 공간 구성

(1) 교실을 포함한 유치원과 어린이집의 ① ⭐⭐ 공간은 유아에게 가장 친숙한 놀이 ② ⭐⭐이다.

(2) 교사는 놀이 공간을 ① ⭐⭐하고 ② ⭐⭐해 나가며 유아의 자유로운 놀이를 지원할 수 있다.

(3) 교실의 ① ⭐⭐ 영역은 유아들이 가장 좋아하는 놀이를 중심으로 구성하는 것이 좋으며, 유아들이 흥미를 보이지 않는 영역은 다른 영역과 ② ⭐⭐하여 ③ ⭐⭐하거나 다른 영역으로 ④ ⭐⭐하는 것도 가능하다.

(4) 또한 유아의 관심과 흥미, 요구에 따라 새로운 영역을 구성할 수 있으며, 이때 유아가 ① ⭐⭐적으로 놀이 영역을 ② ⭐⭐할 수 있도록 지원해야 한다.

(5) 교실 밖의 복도나 계단, 구석진 공간 등 유아가 놀이할 수 있는 실내 공간은 먼저 ⭐⭐에 문제가 없는지 파악한 후에 놀이 공간으로 구성할 수 있다.

(6) ① ⭐⭐ 공간은 유아가 마음껏 뛰어놀며, 자연과 계절의 변화를 만나고 탐색할 수 있는 놀이 ② ⭐⭐이다.

(7) 교사는 유아가 몸을 충분히 움직여 즐겁게 놀이하고 위험으로부터 자신을 ① ⭐⭐하게 ② ⭐⭐하는 능력을 기를 수 있도록 지원해야 한다.

(8) 이처럼 실외 놀이 환경은 유아가 안전하게 놀이할 수 있는 ① ⭐⭐과 ② ⭐⭐로 구성해야 한다.

(9) 또한 유아들이 활발한 신체 움직임을 바탕으로 ① ⭐⭐과 ② ⭐⭐을 하면서 궁금한 것을 찾아 자유롭게 ③ ⭐⭐하는 놀이를 다양하게 경험할 수 있는 놀이 환경을 구성한다.

(1) ① 놀이
　　② 공간
　　③ 자료
(2) ① 다양
　　② 자원
(3) ① 환경
　　② 자료

(1) ① 실내
　　② 환경
(2) ① 구성
　　② 변형
(3) ① 흥미
　　② 통합
　　③ 재구성
　　④ 대체
(4) ① 주도
　　② 창조
(5) 안전
(6) ① 실외
　　② 환경
(7) ① 안전
　　② 보호
(8) ① 공간
　　② 자료
(9) ① 모험
　　② 도전
　　③ 탐색

⑽ ① 특성
② 안전
③ 공원
④ 놀이터

(1) ① 놀잇감
② 재료
③ 도구
(2) ① 수단
② 매개물
(3) ① 사물
② 악기
③ 재료
④ 재활용품
⑤ 시기
(4) ① 자료
② 제공
③ 활용
④ 인정
⑤ 존중
(5) ① 탐색
② 제한

(1) 관계
(2) ① 또래
② 교사
③ 환경
④ 상호작용
(3) ① 관계
② 상호작용

(10) 실외 자투리 공간, 텃밭, 통로, 작은 마당 등은 공간의 ① ⭐⭐ 과 ② ⭐⭐ 을 고려하여 놀이 환경으로 구성하며, 유치원과 어린이집의 상황에 따라 인근 ③ ⭐⭐ 과 ④ ⭐⭐ 등도 놀이 공간으로 활용할 수 있다.

ㄴ. 풍부한 놀이 자료 제공

(1) 놀이 자료는 유아가 놀이에 사용할 수 있는 ① ⭐⭐⭐, 매체, ② ⭐⭐ 와 ③ ⭐⭐ 등을 포함한다.

(2) 유아에게 놀이 자료는 자신의 감정과 생각, 상상 등을 자유롭게 표현하는 ① ⭐⭐ 이자 세상에 대한 이해를 넓혀 나가는 데 중요한 역할을 하는 ② ⭐⭐⭐ 이다.

(3) 교사는 유아에게 일상의 평범한 ① ⭐⭐, 자연물, ② ⭐⭐, 미술 ③ ⭐⭐, 그림책, ④ ⭐⭐⭐⭐ 등을 적절히 제공할 수 있으며 계절이나 행사, 국경일 과 관련된 자료는 ⑤ ⭐⭐ 에 맞게 제공할 필요가 있다.

(4) 또한 비구조적인 열린 ① ⭐⭐ 를 풍부하게 ② ⭐⭐ 하여 유아가 자신만의 방식으로 ③ ⭐⭐ 할 수 있도록 지원하며 유아가 찾아낸 새로운 놀이 자료나 창의적인 놀이 방식을 ④ ⭐⭐ 하고 ⑤ ⭐⭐ 해야 한다.

(5) 놀이 자료를 제공할 때는 유아가 자유롭게 ① ⭐⭐ 할 수 있도록 자료의 사용 방법이나 놀이 방식을 지나치게 ② ⭐⭐ 하지 않도록 유의한다.

라. 유아와 유아, 유아와 교사, 유아와 환경 간에 능동적인 상호작용이 이루어지도록 한다.

(1) 유치원과 어린이집에서 유아는 또래, 교사 및 자신을 둘러싼 환경 등과 ⭐⭐ 를 맺으며 성장한다.

(2) 또한 유아는 놀이에서 ① ⭐⭐ 친구와 ② ⭐⭐, 자연 ③ ⭐⭐ 등과 적극적 으로 ④ ⭐⭐⭐⭐ 하면서 세상을 이해하고 배움을 이루어 간다.

(3) 교사는 유아가 놀이에서 만나는 다양한 ① ⭐⭐ 에 관심을 기울이고 함께 ② ⭐⭐⭐⭐ 을 하며 배움을 지원해야 한다.

ㄱ. 유아와 유아 간의 상호작용

(1) 유아가 주도하는 놀이 중심의 개정 누리과정에서는 ⭐⭐와 ⭐⭐ 간의 상호작용이 더 활발하고 빈번하게 일어난다.

(2) 유아는 ⭐⭐들과 함께 놀이하면서 자신의 생각을 표현하고, 친구들의 의견을 듣고 때때로 생각을 바꾸기도 한다.

(3) 더 재미있게 놀이하기 위해 ① ⭐⭐하고, ② ⭐⭐하고, 나와 다른 의견을 ③ ⭐⭐하여 ④ ⭐⭐하는 경험도 할 수 있다.

(4) 교사는 유아들이 자유롭고 활기차게 놀이할 수 있는 분위기를 제공하여 유아 간의 다양한 ⭐⭐⭐⭐을 격려해 주어야 한다.

ㄴ. 교사와 유아 간의 상호작용

(1) 교사는 유아의 놀이에 귀 기울여 놀이의 의미와 배움을 발견하고, 이를 ⭐⭐하기 위해 다양한 상호작용을 한다.

(2) 교사는 유아의 ① ⭐⭐와 ② ⭐⭐이 어디에 있는지 파악하고, 칭찬, 격려, 미소, 공감 등 ③ ⭐⭐적 또는 ④ ⭐⭐적 상호작용을 통해 유아의 놀이를 긍정적으로 수용하고 격려한다.

(3) 교사는 답이 정해진 질문을 하거나 일방적으로 지식을 전달하기 위해 개입하는 것이 아니라 유아의 흥미와 관심에 ① ⭐⭐하며 놀이를 ② ⭐⭐하는 상호작용을 하도록 한다.

(4) 이때 유아의 놀이에서 나타나는 상상력과 사물을 ① ⭐⭐⭐하여 이해하는 유아의 독특한 놀이 표현을 ② ⭐⭐하고 함께 ③ ⭐⭐하는 태도가 필요하다.

(5) 교사는 유아와 주변세계를 이해하는 공동의 ① ⭐⭐⭐로서 놀이에서 발생하는 문제를 함께 해결하면서 유아의 배움을 이끄는 ② ⭐⭐⭐⭐을 할 수 있다.

ㄷ. 유아와 환경 간의 상호작용

(1) 유아·놀이 중심 교육과정에서는 ① ⭐⭐와 ② ⭐⭐ 간의 상호작용이 매우 중요하다.

(2) ① ⭐⭐은 유아의 놀이가 활성화되는 ② ⭐⭐이자 유아가 다양한 배움을 경험하는 ③ ⭐⭐이 된다.

---

(1) 유아
(2) 또래
(3) ① 양보
　　② 배려
　　③ 수용
　　④ 조절
(4) 상호작용

(1) 확장
(2) ① 흥미
　　② 관심
　　③ 정서
　　④ 언어
(3) ① 교감
　　② 지원
(4) ① 의인화
　　② 지지
　　③ 교감
(5) ① 놀이자
　　② 상호작용

(1) ① 유아
　　② 환경
(2) ① 환경
　　② 배경
　　③ 원천

(3) ① 공간
　　② 환경
　　③ 교감
(4) ① 사물
　　② 자료
　　③ 자연물
(7) ① 말
　　② 행동
(8) 지원

(1) ① 통합
　　② 경험
(2) 연계
(3) 놀이
(5) ① 호기심
　　② 탐구심
(6) 통합
(7) 발견
(8) ① 관심
　　② 흥미
(9) ① 통합
　　② 연계

(3) 유아와 환경 간의 상호작용은 유아 주변의 친근한 ① 공간, 자료, 일상생활에서 자연스럽게 접하는 모든 ② 환경과의 ③ 교감을 포함한다.

(4) 유아는 놀이에서 다양한 ① 사물, ② 자료, ③ 자연물 등을 만지고 움직여 보며 새로운 흥미와 관심을 가지게 되고, 이는 창작적 표현으로 이어지기도 한다.

(5) 유아는 물과 모래, 블록과 종이 등을 가지고 매일 다른 놀이를 하며 즐긴다.

(6) 또한 종이로 접은 새에게 물을 먹여 주기도 하고, 나뭇잎이 떨어진 나무를 춥다고 감싸 주며 즐거워한다.

(7) 유아가 환경과 교감하면서 표현하는 ① 말과 ② 행동은 모두 유아가 환경과 상호작용하며 배우는 과정이다.

(8) 교사는 유아와 환경 간의 상호작용에 주의를 기울이고 존중하며 유아들이 환경과 즐겁게 상호작용할 수 있도록 지원해야 한다.

마. 5개 영역의 내용이 통합적으로 유아의 경험과 연계되도록 한다.

(1) 교사는 개정 누리과정에 포함된 5개 영역의 내용이 유아가 놀이를 하며 ① 통합적으로 ② 경험하는 것임을 이해해야 한다.

(2) 5개 영역의 내용을 유아의 경험과 연계하는 방식은 다양하다.

(3) 우선 유아는 놀이를 하며 이미 5개 영역을 통합적으로 경험한다.

(4) 예를 들면, 유아는 모래놀이를 하며, 신체를 움직이고, 친구와 대화도 하며, 그림도 그릴 수 있다.

(5) 모래와 물을 섞으며 물질의 변화에 대해 ① 호기심과 ② 탐구심을 가질 수도 있다.

(6) 이처럼 유아는 놀이를 통해 여러 가지 영역을 통합적으로 경험하며, 이러한 경험은 영역별로 이루어지지 않는다.

(7) 교사는 유아의 놀이에서 5개 영역의 내용이 자연스럽게 통합적으로 나타나는 것을 발견함으로써, 유아가 놀이하며 배우고 있음을 알 수 있다.

(8) 또한 5개 영역의 내용은 정해진 생활 주제 이외에도 유아의 ① 관심과 ② 흥미에 따라 다양하게 통합할 수 있다.

(9) 예를 들면, 교사는 유아가 놀이하면서 자연스럽게 경험하게 되는 계절이나 국경일과 같은 친근한 주제, 유아가 놀이하면서 관심을 보이는 동화나 곤충, 그

네 등과 같은 주제를 중심으로 유아의 경험과 5개 영역을 ① ⭐⭐ 적으로 ② ⭐⭐ 하여 지원할 수 있다.

(10) 유아가 관심을 가지는 ① ⭐⭐, 사물, 우연한 ② ⭐⭐ 등도 충분히 유아의 경험을 통합적으로 연계하여 지원할 수 있는 ③ ⭐⭐ 이 될 수 있다.

(11) 교사는 자율성을 바탕으로 유아의 놀이 ① ⭐⭐ 과 ② ⭐⭐ 에 따라 5개 영역을 다양한 방식으로 ③ ⭐⭐⭐ 있게 유아의 경험과 연계하여 지원할 필요가 있다.

(10) ① 그림책
   ② 상황
   ③ 자원
(11) ① 상황
   ② 맥락
   ③ 융통성

바. 개별 유아의 요구에 따라 휴식과 일상생활이 원활히 이루어지도록 한다.

(1) 유치원과 어린이집에서 유아의 하루 일과는 ① ⭐⭐ 와 ② ⭐⭐ 을 적절하게 안배하여 운영하며, 개별 유아의 ③ ⭐⭐ 를 반영해야 한다.

(2) 유치원과 어린이집에서는 유아의 ① ⭐⭐ 상태, ② ⭐⭐ 나 계절, 기관의 ③ ⭐⭐ 등에 따라 하루 일과를 융통성 있게 운영할 수 있다.

(3) 획일적인 하루 일과를 운영하기보다는 배변이나 낮잠, 휴식 등 유아마다 다른 ⭐⭐ ⭐⭐ 을 반영하여 하루 일과를 운영해야 한다.

(4) 교사는 놀이의 ① ⭐⭐ 과 개별 유아의 ② ⭐⭐ 등을 적절히 반영하여 일과가 ③ ⭐⭐ 하게 이루어지도록 운영해야 한다.

(1) ① 놀이
   ② 휴식
   ③ 요구
(2) ① 건강
   ② 날씨
   ③ 상황
(3) 신체 리듬
(4) ① 상황
   ② 요구
   ③ 원활

사. 유아의 연령, 발달, 장애, 배경 등을 고려하여 개별 특성에 적합한 방식으로 배우도록 한다.

(1) 교사는 유아의 ① ⭐⭐ 과 ② ⭐⭐, 장애, ③ ⭐⭐ 등의 다양한 특성을 이해하고 각 특성을 최대한 고려하여 ④ ⭐⭐ 을 지원해야 한다.

(2) 유아는 서로 다른 관심과 능력을 가지고 있으며 다양한 맥락 속에서 자신만의 방식으로 놀이하고 배운다.

(3) 같은 연령이라도 개별 유아의 특성이 다르듯이 유아가 놀이하는 모습도 다르게 나타난다.

(4) 또한 유아가 ① ⭐⭐ 에서 경험하는 다양한 문화적 특성을 서로 ② ⭐⭐ 하고 ③ ⭐⭐ 하며 가치 있게 여길 수 있어야 한다.

(5) 교사는 유아의 특성에 적합한 지원을 위해 발달적 ① ⭐⭐ 이나 ② ⭐⭐ 정도, 문화적 ③ ⭐⭐ 을 우선적으로 파악해야 하며, 필요할 경우 관련 기관 또는 전문가와 ④ ⭐⭐ 할 수 있다.

(1) ① 연령
   ② 발달
   ③ 배경
   ④ 배움
(4) ① 가정
   ② 인정
   ③ 존중
(5) ① 특성
   ② 장애
   ③ 배경
   ④ 협력

(1) ① 평가
　② 운영
　③ 개선
(2) ① 간략화
　② 자율적
(3) ① 목적
　② 대상
　③ 방법
　④ 활용

3. 평가

(1) 개정 누리과정에서 ① ⭐⭐ 는 유치원과 어린이집에서 유아가 중심이 되고 놀이가 살아나는 누리과정의 ② ⭐⭐ 을 되돌아보고 ③ ⭐⭐ 해 가는 과정이다.

(2) 개정 누리과정은 유치원과 어린이집에서 유아·놀이 중심 교육과정을 운영하는 데 도움이 되고자 평가를 ① ⭐⭐⭐ 하고 각 기관의 ② ⭐⭐⭐ 인 평가를 강조하였다.

(3) 유치원과 어린이집은 평가의 ① ⭐⭐, ② ⭐⭐, ③ ⭐⭐, 결과의 ④ ⭐⭐ 을 바탕으로 누리과정 평가를 자율적으로 실시할 수 있다.

> **❗ 이것만은 꼭!!**
>
> **평가는 다음 사항에 중점을 두고 실시한다.**
> 가. 누리과정 운영의 질을 진단하고 개선하기 위해 평가를 계획하고 실시한다.
> 나. 유아의 특성 및 변화 정도와 누리과정의 운영을 평가한다.
> 다. 평가의 목적에 따라 적합한 방법을 사용하여 평가한다.
> 라. 평가의 결과는 유아에 대한 이해와 누리과정 운영 개선을 위한 자료로 활용할 수 있다.

(1) ① 목적
　② 질
　③ 진단
　④ 개선
(2) ① 지역
　② 기관
　③ 학급
　④ 계획
(3) ① 내용
　② 주기
　③ 시기
　④ 방법
　⑤ 민주

가. 누리과정 운영의 질을 진단하고 개선하기 위해 평가를 계획하고 실시한다.

(1) 평가의 ① ⭐⭐ 은 유아가 중심이 되고 놀이가 살아나는 누리과정 운영을 자체적으로 평가하여, 누리과정 운영의 ② ⭐⭐ 을 ③ ⭐⭐ 하고 누리과정 운영을 보다 나은 방향으로 ④ ⭐⭐ 하는 데 있다.

(2) 유치원과 어린이집에서는 ① ⭐⭐ 특성, 각 ② ⭐⭐ 및 ③ ⭐⭐ (반)의 상황과 요구를 고려하여, 누리과정 운영을 개선할 수 있도록 자율적으로 평가 ④ ⭐⭐ 을 수립한다.

(3) 평가의 ① ⭐⭐, 평가 ② ⭐⭐ 및 ③ ⭐⭐, 평가 ④ ⭐⭐ 등에 대한 계획은 각 기관 구성원들 간의 ⑤ ⭐⭐ 적인 협의를 통해 정한다.

나. 유아의 특성 및 변화 정도와 누리과정의 운영을 평가한다.

(1) 평가는 ① ⭐⭐ 평가와 누리과정의 ② ⭐⭐ 평가로 이루어진다.

(2) ① ⭐⭐ 평가는 궁극적으로 유아의 ② ⭐⭐ 과 전인적 ③ ⭐⭐ 을 지원하는 데 그 목적이 있다.

(1) ① 유아
　② 운영
(2) ① 유아
　② 행복
　③ 발달

(3) 교사는 유아의 놀이, 일상생활, 활동 속에서 유아의 고유한 ①⭐⭐ 이나 의미 있는 ②⭐⭐를 발견하고, 그것을 바탕으로 유아의 ③⭐⭐과 ④⭐⭐을 돕기 위하여 평가를 할 수 있다.

(4) 교사는 유아의 배움이 나타나는 놀이, 일상생활, 활동에서 유아가 가장 즐기고 잘하는 것, 놀이의 특성, 흥미와 관심, 친구 관계, 놀이를 이어가기 위한 자료의 활용 등에 주목하여 유아 놀이를 ①⭐⭐ 하고 이를 통해 유아의 ②⭐⭐과 ③⭐⭐를 이해하도록 한다.

(5) 누리과정 ①⭐⭐ 평가는 유치원과 어린이집의 교육과정이 ②⭐⭐·③⭐⭐ 중심으로 적절하게 ④⭐⭐ 되고 있는지 ⑤⭐⭐하는 데 그 목적이 있다.

(6) 유치원과 어린이집의 누리과정 운영 평가에서는 놀이 ①⭐⭐을 충분히 운영하였는지, 유아 주도적인 ②⭐⭐와 ③⭐⭐이 이루어지고 있는지, 놀이 ④⭐⭐이 적절한지 등을 평가할 수 있다.

(7) 이는 놀이 속에서 나타나는 유아의 ①⭐⭐ 및 ②⭐⭐ 정도와 연계하여 파악할 수 있다.

(8) 필요에 따라 ①⭐⭐와의 협력이나 행정적·재정적 ②⭐⭐이 적절하게 이루어지고 있는지 등을 평가할 수도 있다.

다. 평가의 목적에 따라 적합한 방법을 사용하여 평가한다.

(1) 평가 방법은 평가의 ①⭐⭐과 ②⭐⭐에 따라 달라질 수 있다.

(2) 유치원과 어린이집은 평가 ①⭐⭐에 가장 적합한 평가 ②⭐⭐을 자율적으로 정하여 활용할 수 있다.

(3) 교사는 유아의 특성과 변화 정도를 파악하기 위하여 유아들의 실제 놀이 모습을 계획안에 ①⭐⭐할 수 있고, 놀이 결과물과 작품 등을 일상적으로 ②⭐⭐할 수 있다.

(4) 유아들의 놀이를 관찰할 때에는 유아의 ①⭐, ②⭐⭐, ③⭐⭐ 등에서 드러나는 놀이의 의미와 특성에 주목하여 이 중 필요한 내용을 ④⭐⭐나 ⑤⭐⭐ 등 교사가 할 수 있는 가장 용이한 방법으로 기록한다.

(5) 이러한 관찰기록 자료는 교실에서 자율적으로 수립한 ①⭐⭐⭐에 포함하여 유아의 ②⭐⭐과 ③⭐⭐ 정도를 파악하는 데 활용할 수 있다.

정답:

(3) ① 특성
② 변화
③ 배움
④ 성장
(4) ① 관찰
② 특성
③ 변화
(5) ① 운영
② 유아
③ 놀이
④ 운영
⑤ 평가
(6) ① 시간
② 놀이
③ 배움
④ 지원
(7) ① 특성
② 변화
(8) ① 부모
② 지원

(1) ① 목적
② 대상
(2) ① 목적
② 방법
(3) ① 기록
② 수집
(4) ① 말
② 몸짓
③ 표정
④ 메모
⑤ 사진
(5) ① 계획안
② 특성
③ 변화

(6) 자율
(7) 적합한 방법
(8) ① 놀이
　② 집중
　③ 지원
(9) ① 놀이
　② 활동
(10) ① 5
　② 59
　③ 유의

(6) 유치원과 어린이집의 누리과정 운영에 대한 평가는 개선이 필요한 사항에 따라 ⭐⭐적으로 실시할 수 있다.

(7) 기관별, 학급별 상황이나 필요성에 따라 ⭐⭐⭐ ⭐⭐을 선택하여 누리과정 운영을 평가한다.

(8) 개정 누리과정에서는 교사가 유아의 놀이 관찰기록, 유아 평가와 누리과정 운영 평가 등 평가 자료를 만들고 수집하는 데 과도한 노력을 기울이기보다는 유아의 ①⭐⭐에 더 ②⭐⭐하고 ③⭐⭐하는 것이 중요함을 강조하고 있다.

(9) 교사는 개별 유아를 정기적으로 관찰하기보다는 배움이 나타나는 또래 간의 ①⭐⭐나 ②⭐⭐ 등 유아들이 일상에서 놀이하며 배우는 자연스러운 상황에서 유아의 특성과 변화를 이해하는 평가를 하도록 한다.

(10) 또한 ①⭐개 영역 ②⭐⭐개 내용을 성취 기준으로 잘못 인식하여 유아의 놀이에서 59개 내용이 나타나는지 여부만을 체크하지 않도록 ③⭐⭐한다.

라. 평가의 결과는 유아에 대한 이해와 누리과정 운영 개선을 위한 자료로 활용할 수 있다.

(1) 교사는 유아의 놀이, 일상생활, 활동을 통해 수집된 자료를 평가의 목적에 맞게 종합하여 평가의 ⭐⭐를 얻을 수 있다.

(2) 유아 평가의 결과는 유아가 ①⭐⭐감을 느끼고 ②⭐⭐⭐으로 발달하도록 도움을 주는 데 활용한다.

(3) 또한 누리과정이 추구하는 인간상과 목적 및 목표 등에 비추어 유아의 ①⭐⭐과 ②⭐⭐ 정도를 이해하고 유아의 ③⭐⭐과 ④⭐⭐에 도움이 되도록 지원하는 데 활용한다.

(4) 수집된 모든 자료를 바탕으로 개별 유아의 특성과 변화 정도를 종합적으로 이해하여, 이를 ①⭐⭐와의 면담자료 및 유아의 ②⭐⭐지도 등에 활용할 수 있다.

(5) 한편, 유치원과 어린이집에서 자율적인 방식을 통해 실시한 누리과정 운영 평가의 결과는 각 기관에서 유아·놀이 중심 교육과정의 운영을 보다 나은 방향으로 ①⭐⭐하는 데 ②⭐⭐할 수 있다.

(1) 결과
(2) ① 행복
　② 전인적
(3) ① 특성
　② 변화
　③ 배움
　④ 성장
(4) ① 부모
　② 생활
(5) ① 개선
　② 활용

3

영역별 목표 및 내용 해설

◎ 「2019 개정 누리과정」 5개 영역 이해하기

I. 신체운동 · 건강
⊙ 목표 및 내용 범주 이해하기
   1. 내용 범주 : 신체활동 즐기기
   2. 내용 범주 : 건강하게 생활하기
   3. 내용 범주 : 안전하게 생활하기

II. 의사소통
⊙ 목표 및 내용 범주 이해하기
   1. 내용 범주 : 듣기와 말하기
   2. 내용 범주 : 읽기와 쓰기에 관심 가지기
   3. 내용 범주 : 책과 이야기 즐기기

III. 사회관계
⊙ 목표 및 내용 범주 이해하기
   1. 내용 범주 : 나를 알고 존중하기
   2. 내용 범주 : 더불어 생활하기
   3. 내용 범주 : 사회에 관심 가지기

IV. 예술경험
⊙ 목표 및 내용 범주 이해하기
   1. 내용 범주 : 아름다움 찾아보기
   2. 내용 범주 : 창의적으로 표현하기
   3. 내용 범주 : 예술 감상하기

V. 자연탐구
⊙ 목표 및 내용 범주 이해하기
   1. 내용 범주 : 탐구 과정 즐기기
   2. 내용 범주 : 생활 속에서 탐구하기
   3. 내용 범주 : 자연과 더불어 살기

(1) ① 신체운동 · 건강
② 의사소통
③ 사회관계
④ 예술경험
⑤ 자연탐구
⑥ 간략화
(2) ① 3
② 15
(3) ① 12
② 12
③ 12
④ 10
⑤ 13
⑥ 59

(1) ① 총론
② 운영
(2) ① 해설
② 연계
(3)
가. 3∼5
나. ① 바깥
② 충분히
③ 편성
④ 운영
다. ① 흥미
② 관심
라. 놀이
마. ① 통합
② 연계

3 영역별 목표 및 내용 해설

◎ 「2019 개정 누리과정」 5개 영역 이해하기

1. 5개 영역 내용 간략화

(1) 개정 누리과정은 ①⭐⭐⭐ · ⭐⭐, ②⭐⭐⭐⭐, ③⭐⭐⭐⭐, ④⭐⭐⭐⭐, ⑤⭐⭐⭐⭐의 5개 영역을 유지하였으나, 각 영역에 포함되는 범주와 내용을 ⑥⭐⭐⭐하였다.

(2) 각 영역은 ①⭐ 개의 내용 범주를 두어 총 ②⭐⭐ 개의 내용 범주로 구성하였다.

(3) 각 영역에 포함된 내용은 신체운동·건강 영역 ①⭐⭐ 개, 의사소통 영역 ②⭐⭐ 개, 사회관계 영역 ③⭐⭐ 개, 예술경험 영역 ④⭐⭐ 개, 자연탐구 영역 ⑤⭐⭐ 개로서 총 ⑥⭐⭐ 개로 간략화하였다.

2. 총론과 영역별 내용의 관계

(1) 개정 누리과정 고시문 ①⭐⭐에서는 5개 영역을 어떻게 ②⭐⭐해야 하는지 안내하고 있다.

(2) 교사는 영역별 내용을 총론의 ①⭐⭐과 ②⭐⭐하여 이해하는 것이 필요하다.

(3) 이를 위해 교사가 숙지해야 할 주요한 사항은 다음과 같다.

가. ⭐∼⭐세 유아가 경험해야 할 내용으로 구성한다. (구성의 중점 '라'항)

나. 하루 일과에서 ①⭐⭐ 놀이를 포함하여 유아의 놀이가 ②⭐⭐⭐ 이루어지도록 ③⭐⭐하여 ④⭐⭐ 한다. (편성·운영 '라'항)

다. 유아가 ①⭐⭐ 와 ②⭐⭐ 에 따라 놀이에 자유롭게 참여하고 즐기도록 한다. (교수·학습 '가'항)

라. 유아가 ⭐⭐를 통해 배우도록 한다. (교수·학습 '나'항)

마. 5개 영역의 내용이 ①⭐⭐적으로 유아의 경험과 ②⭐⭐되도록 한다. (교수·학습 '마'항)

정답

3. 유아의 실제 경험 강조

(1) 59개 내용은 ① ⭐⭐으로 구분하지 않고 ② ⭐~⭐세의 모든 '유아가 ③ ⭐⭐해야 할 내용'으로 구성하였다.

(2) 연령별로 나누어 제시하지 않은 이유는 유아가 늘 자신의 방식에 따라 가장 적합하게 놀이한다는 유아 경험의 ⭐⭐를 존중하기 위해서이다.

(3) 교사는 59개의 내용을 유아의 ① ⭐⭐ 특성과 연계하여 융통성 있게 이해하고 유아의 ① ⭐⭐를 중심으로 교육과정을 ② ⭐⭐할 수 있다.

(1) ① 연령
　　② 3~5
　　③ 경험
(2) 실제
(3) ① 놀이
　　② 실천

4. 영역별 목표와 내용 범주의 연계

(1) 개정 누리과정의 영역별 ① ⭐⭐와 ② ⭐⭐⭐는 그 의미가 서로 연계되어 있으므로, 이에 대한 해설은 '목표 및 내용 범주 이해하기'에 함께 제시하였다.

(2) 이는 유아가 59개의 내용을 ① ⭐⭐를 통해 자연스럽게 배우며 목표를 ② ⭐⭐할 수 있음을 의미한다.

(1) ① 목표
　　② 내용 범주
(2) ① 놀이
　　② 경험

5. '내용 이해'와 '유아 경험의 실제'를 연계하여 제시

(1) 개정 누리과정은 59개 내용을 유아가 ① ⭐⭐해야 할 ② ⭐⭐으로 제시하였다.

(2) 교사는 이를 가르쳐야 할 내용이라고 생각하기보다는 유아가 놀이하며 자연스럽게 배우는 ⭐⭐으로 이해할 필요가 있다.

(3) 이를 위하여 개정 누리과정은 영역별 ① ⭐⭐에 대한 설명을 유아 경험의 ② ⭐⭐와 ③ ⭐⭐하여 제시하였다.

(4) 59개 내용에 대한 설명은 '내용 이해'로, 유아가 유치원과 어린이집에서 경험하는 내용은 '유아 경험의 실제'로 함께 제시하여 교사가 영역별 ① ⭐⭐과 유아의 ② ⭐⭐을 바로 ③ ⭐⭐하여 이해할 수 있도록 구성하였다.

(1) ① 경험
　　② 내용
(2) 경험
(3) ① 내용
　　② 실제
　　③ 연계
(4) ① 내용
　　② 경험
　　③ 연계

내용 이해	유아 경험의 실제
신체를 인식하고 움직인다. 유아가 자신의 신체에 관심을 가지며 신체 각 부분의 특성을 알고 다양하게 움직이는 내용이다.	물놀이를 하기 전, 교사와 유아들이 함께 체조를 한다. 목을 오른쪽 왼쪽으로 번갈아 가며 돌리고, 어깨를 으쓱거리고, 허리에 손을 얹고 허리를 돌리고, 무릎을 구부렸다가 펴고, 손목과 발목을 돌린다.

(5) 통합

(5) 59개 내용은 유아의 놀이에서 적으로 나타나는 경험이므로, '내용 이해' 와 '유아 경험의 실제' 예시는 일대일 대응 방식으로 기술하지 않았다.

(6) 따라서 '내용 이해'와 '유아 경험의 실제'의 예시 수는 범주마다 다르다.

6. 5개 영역의 통합적 이해

(2) ① 통합
    ② 이해
(3) ① 경험
    ② 성장
(4) 연결

(1) 영역별 해설의 마지막 부분인 「○○영역의 통합적 이해」에서는 놀이 사례를 하나씩 제시하고, 각 놀이 사례에서 5개 영역의 내용이 어떻게 통합적으로 나타나는지 해설하였다.

(2) 이를 통해 교사가 유아의 놀이를 59개의 내용별로 이해하지 않고, ① 적으로 ② 할 수 있도록 하였다.

(3) 교사는 유아가 5개 영역의 내용을 통합적으로 ① 하며 추구하는 인간상을 향해 ② 해 간다는 점을 이해할 필요가 있다.

(4) 또한 교사는 놀이에 따라 5개 영역 중 일부 영역을 놀이와 지을 수 있으며, 교사마다 놀이에 대한 이해와 해석이 다를 수 있다는 점을 인식해야 한다.

7. 59개 내용 설명과 평가를 연계할 때의 유의점

(1) 59개 내용의 해설에 제시한 '유아 경험의 실제' 및 '○○영역의 통합적 이해'는 놀이 분석 사례나 평가의 예시가 아니다.

(2) 이 예시들은 교사가 유아의 놀이에서 이루어지는 배움을 잘 이해할 수 있도록 돕기 위한 이다.

(3) 교사는 이 설명을 유아의 놀이에서 나타나는 ①⭐⭐와 ②⭐⭐을 ③⭐⭐하여 이해하는 데 활용할 수 있다.

(4) 따라서 교사는 해설서에 제시된 59개의 내용을 유아의 발달 및 성취기준으로 인식하여 개별 유아의 놀이를 관찰하고 평가하는 틀로 활용하지 않도록 ⭐⭐한다.

정답

(2) 설명
(3) ① 의미
    ② 배움
    ③ 연계
(4) 유의

I 신체운동·건강

① 실내외
② 신체활동
③ 즐기고
④ 건강
⑤ 안전
⑥ 생활

목표

①■■■에서 ②■■■■을 ③■■■, ④■■하고 ⑤■■한
⑥■■을 한다.

> ### "조금 힘들 것 같지만, 나도 할 수 있어요."
>
> 유아는 몸을 움직여 놀이하는 것을 좋아하며, 자신의 몸을 건강하고 안전하게 지키고자 하는 힘을 가지고 있다. 신체운동·건강 영역은 유아가 자신의 몸에 관심을 가지고 신체활동에 즐겁게 참여하며, 건강하고 안전한 생활을 해 나가는 다양한 경험과 관련된 내용이다. 교사는 유아가 몸을 충분히 움직이는 경험을 통해 신체활동의 즐거움을 느끼고 기초 체력을 키우도록 돕는다. 교사는 유아가 일상에서 건강하고 안전한 생활을 실천할 수 있도록 지원할 수 있다.

목표 및 내용 범주 이해하기

신체운동·건강 영역의 목표 및 내용 범주는 유아가 다양한 신체활동에 즐겁게 참여하고, 청결과 위생, 즐거운 식사, 적당한 휴식을 통해 건강한 생활습관을 기르며, 일상에서 안전하게 생활하는 방법을 배우고 실천하는 내용으로 구성하였다.

- 유아가 자유롭게 신체를 움직이며 놀이하는 즐거운 경험을 강조하고자 기존 누리과정의 '신체 인식하기', '신체 조절과 기본 운동하기', '신체활동에 참여하기' 등의 내용 범주를 통합하여 '신체활동 즐기기'로 제시하였다.
- '건강하게 생활하기'에 바른 태도로 즐겁게 음식을 먹는 내용을 새롭게 포함하였으며, 기존 누리과정의 배변이나 낮잠 등 유아의 일상생활과 관련된 내용은 '교수·학습'의 '바'항을 통해 하루 일과 전체에서 지원할 수 있게 하였다.
- 유아안전교육을 강조하고자 관련 법령 및 지침에 제시된 내용을 최대한 반영하여 개정하였다.

'① ★★★★ ★★★★'
유아가 스스로 신체를 움직이는 동안 자연스럽게 자신의 신체를 인식하고 조절하며, 실내외에서 다양한 신체활동에 자발적으로 참여하면서 신체활동을 즐기는 내용이다.

'② ★★★★ ★★★★'
유아가 스스로 몸과 주변을 깨끗이 하고, 즐겁게 식사하며, 자신의 신체 리듬에 맞게 휴식을 취하고, 질병을 예방하는 다양한 방법을 실천하는 내용이다.

'③ ★★★★ ★★★★'
유아가 안전하게 놀이하고 생활하며, 자주 접하는 TV, 컴퓨터, 스마트폰을 바르게 사용하고, 안전하게 다닐 수 있도록 교통안전 규칙을 지키며, 안전사고, 화재, 재난, 학대, 유괴 등의 위험한 일이 발생하였을 때 도움을 요청하거나 대처할 수 있는 방법을 경험하는 내용이다.

① 신체활동 즐기기
② 건강하게 생활하기
③ 안전하게 생활하기

1. 내용 범주 : 신체활동 즐기기

① 신체활동
② 즐겁게

(1) ① 인식
　② 움직인다
　③ 신체
　④ 관심
　⑤ 특성
　⑥ 다양
(2) ① 움직임
　② 조절
　③ 균형
　④ 협응
　⑤ 소근육

가. 목표

① ⭐⭐⭐⭐ 에 ② ⭐⭐⭐ 참여한다.

나. 내용

(1) 신체를 ① ⭐⭐ 하고 ② ⭐⭐⭐⭐.

> **내용 이해**
>
> 유아가 자신의 ③ ⭐⭐ 에 ④ ⭐⭐ 을 가지며 신체 각 부분의 ⑤ ⭐⭐ 을 알고 ⑥ ⭐⭐ 하게 움직이는 내용이다.

> **유아 경험의 실제**
>
> 물놀이를 하기 전, 교사와 유아들이 함께 체조를 한다. 목을 오른쪽 왼쪽으로 번갈아 가며 돌리고, 어깨를 으쓱거리고, 허리에 손을 얹고 허리를 돌리고, 무릎을 구부렸다가 펴고, 손목과 발목을 돌린다.

(2) 신체 ① ⭐⭐⭐ 을 ② ⭐⭐ 한다.

> **내용 이해**
>
> 유아가 몸을 움직이며 ③ ⭐⭐ 을 잡고, 몸이나 도구의 움직임을 다양하게 ② ⭐⭐ 하는 내용이다. 또한 눈과 손을 ④ ⭐⭐ 하며 ⑤ ⭐⭐⭐ 움직임을 ② ⭐⭐ 하는 내용이다.

> **유아 경험의 실제**
>
> 유아들은 얼음땡 놀이를 하면서, 술래가 천천히 걸으면 천천히 걷고, 술래가 빠른 걸음으로 걸으면 빠른 걸음으로 달아난다. 그리고 술래에게 잡힐 듯하면 몸의 방향을 재빨리 바꿔 달아나기도 하고, "얼음!" 하고 외치며 급히 멈춰 서서 즐겁게 웃는다.

(3) 기초적인 ① ⭐⭐ 운동, ② ⭐⭐⭐ 운동, ③ ⭐⭐를 이용한 운동을 한다.

내용 이해

유아가 한 곳에서 다른 곳으로 몸을 움직이는 걷기·달리기·뛰어넘기 등의 ① ⭐⭐ 운동, 구부리기·뻗기·돌기 등의 ② ⭐⭐⭐ 운동, 공·줄·후프 등의 ③ ⭐⭐를 이용한 운동을 하는 내용이다.

유아 경험의 실제

유아들이 후프 돌리기를 한다. 한 유아가 안정된 자세로 후프를 오랫동안 돌린다. 옆에서 지켜보던 다른 유아가 "나도 잘 돌려. 이것 봐." 하며 후프를 허리에 놓고 손으로 힘껏 돌린다. 후프가 돌아가는 동안 유아의 허리도 빠르게 움직인다.

(4) ① ⭐⭐⭐ 신체활동에 ② ⭐⭐ 적으로 ③ ⭐⭐ 한다.

내용 이해

유아가 하루 일과에서 ① ⭐⭐⭐의 다양한 신체활동에 ② ⭐⭐ 적으로 즐겁게 ③ ⭐⭐ 하는 내용이다.

유아 경험의 실제

유아가 바깥 놀이터에서 친구들이 있는 쪽을 향해 "나랑 달리기할 사람?" 하고 큰 소리로 외친다. 이 소리를 듣고 같이 하고 싶은 유아들이 "나도.", "나도 같이 하자."라고 말하며 달려와 달리기를 제안한 유아의 엄지손가락을 잡고 모여 선다.

(3) ① 이동
② 제자리
③ 도구
(4) ① 실내외
② 자발
③ 참여

① 건강
② 습관

(1) ① 몸
   ② 주변
   ③ 깨끗이
(2) ① 좋은 음식
   ② 바른 태도
   ③ 즐겁게
   ④ 건강
   ⑤ 소중히
   ⑥ 제자리
   ⑦ 골고루

2. 내용 범주 : 건강하게 생활하기

가. 목표

① ⭐⭐한 생활 ② ⭐⭐을 기른다.

나. 내용

(1) 자신의 ① ⭐과 ② ⭐⭐을 ③ ⭐⭐⭐ 한다.

> **내용 이해**
>
> 유아가 손을 씻고 이를 닦는 등 ① ⭐을 ③ ⭐⭐⭐ 하는 적절한 방법을 알고 실천하며, 자기 ② ⭐⭐을 깨끗하게 정리정돈하는 내용이다.

(2) 몸에 ① ⭐⭐ ⭐⭐에 관심을 가지고 ② ⭐⭐ ⭐⭐로 ③ ⭐⭐⭐ 먹는다.

> **내용 이해**
>
> 유아가 몸을 ④ ⭐⭐하게 하는 음식에 관심을 가지고, 음식을 ⑤ ⭐⭐⭐ 여기며, ⑥ ⭐⭐⭐에 앉아서 ⑦ ⭐⭐⭐ 즐겁게 먹는 내용이다.

> **유아 경험의 실제**
>
> 시금치무침 요리 활동 중에, 교사는 유아가 데친 시금치를 맛보고 싶다고 하여 맛보게 한다. 유아들이 "맛있어?", "맛없지?", "난 시금치 안 좋아해. 안 먹을래."라고 말하며 인상을 찌푸린다. 교사가 "시금치에 양념 옷을 입혀 맛있게 변신시켜 줄까?" 하고 말한 후, 유아들에게 직접 깨소금, 참기름 등의 여러 양념을 넣고 손으로 무쳐 보게 한다. 유아들은 "우와! 좋은 냄새 난다.", "맛있겠다!", "저도 주세요."라고 말한다.

(3) 하루 일과에서 ① 한 ② ★★을 취한다.

> **내용 이해**
>
> 유아가 피곤하거나, 몸이 아프거나, 몸을 많이 움직여서 쉬고 싶을 때, 적절한 ② ★★을 취하는 내용이다.

> **유아 경험의 실제**
>
> 유아들은 바깥 놀이터에서 신나게 놀이한 후 교실로 돌아오자마자, "선생님, 정말 더워요. 에어컨 틀어 주세요."라고 다급한 목소리로 요청한다. 교사는 "그래. 선풍기도 켜 놓을게. 그런데 땀을 많이 흘렸으니 얼굴이랑 팔을 씻는 것은 어떨까?" 하며 에어컨과 선풍기를 켠다. 유아들은 얼굴과 팔, 손을 씻고 들어와 "이젠 좀 쉬자!"라고 말하며 교실 바닥에 앉기도, 눕기도 한다.

(4) 질병을 ① ★★하는 방법을 알고 ② ★★한다.

> **내용 이해**
>
> 유아가 질병의 위험으로부터 ③ ★★을 유지할 수 있는 다양한 생활 방식(몸을 청결히 하기, 날씨와 상황에 알맞은 옷 입기, 찬 음식 적당히 먹기, 정해진 시간에 자고 일어나기, 따뜻한 물 마시기 등)을 ④ ★★하는 내용이다.

> **유아 경험의 실제**
>
> 유아 : 선생님, 나 감기에 걸렸어요.
>
> 교사 : 어떡하니, 많이 아파?
>
> 유아 : 네. 열도 났어요. 그래서 엄마가 따뜻한 물을 넣어 주셨어요.
>
> 교사 : 그렇구나. 따뜻한 물이 감기에 좋지. 오늘은 따뜻한 물을 자주 마셔 봐. 감기가 금방 나을 거야.

3. 내용 범주 : 안전하게 생활하기

① 안전
② 습관

(1) ① 안전
② 놀이
③ 생활
④ 장소
⑤ 상황
⑥ 도구
(2) ① TV
② 컴퓨터
③ 스마트폰
④ 바르게
⑤ 자세

가. 목표

① ⭐⭐한 생활 ② ⭐⭐을 기른다.

나. 내용

(1) 일상에서 ① ⭐⭐하게 ② ⭐⭐하고 ③ ⭐⭐한다.

> **내용 이해**
>
> 유아가 일상에서 위험한 ④ ⭐⭐, ⑤ ⭐⭐, ⑥ ⭐⭐ 등을 알고, ① ⭐⭐한 놀이 방법과 놀이 규칙을 지키며 놀이하고 생활하는 내용이다.

> **유아 경험의 실제**
>
> 한 유아가 미끄럼틀을 내려오려고 한다. 다른 유아가 미끄럼틀 아래서 바라보다가 올라가려고 한다. 이때, 미끄럼틀을 타고 내려오던 유아가 "야, 비켜, 다쳐!" 하고 큰 소리로 외친다. 이 모습을 지켜본 교사는 유아들에게 다가와 안전하게 미끄럼틀을 타기 위한 약속을 정하자고 제안한다.

(2) ① ⭐⭐, ② ⭐⭐⭐, ③ ⭐⭐⭐⭐ 등을 ④ ⭐⭐⭐ 사용한다.

> **내용 이해**
>
> 유아가 일상에서 자주 접하는 ① ⭐⭐, ② ⭐⭐⭐, ③ ⭐⭐⭐⭐ 등을 필요한 상황에서 적절하게 사용하며, 바른 ⑤ ⭐⭐로 이용하는 내용이다.

> **유아 경험의 실제**
>
> 유아가 색종이를 반으로 접어 한 면에는 모니터를 그리고, 다른 한 면에는 컴퓨터 자판 모양처럼 그린다. 다른 유아들에게 "나는 지금 컴퓨터로 공룡에 대해서 찾아보고 있어." 하며 색종이 자판을 두드린다. 그리고 옆에 있던 친구에게 "같이 찾아볼래?"라고 말한다.

(3) ① █████ ██을 지킨다.

> **내용 이해**
>
> 유아가 안전한 ② ███ 및 도로 ③ ███, 교통기관의 안전한 이용 등 ① █████ ███을 알고 실천하는 내용이다.

> **유아 경험의 실제**
>
> 3세 유아가 종이 벽돌을 이어 길을 만들고, 그 위에 교통 표지판과 자동차를 일렬로 놓는다. 만들어진 길을 바라보다 갑자기 팔이 움직이는 사람 모형 2개를 가져와 팔 한쪽을 반복적으로 들어올리고 내리며 "조심, 조심 지나가요. 자동차들은 우리가 건너면 지나가세요."라고 흥얼거린다.

(4) ① █████, ② ███, ③ ███, ④ ███, ⑤ ███ 등에 ⑥ ███하는 방법을 ⑦ ███한다.

> **내용 이해**
>
> 유아가 안전사고, 화재, 재난, 학대, 유괴 등의 위험에 처한 상황을 알고, 주변에 도움을 ⑧ ███하는 방법을 배우며, 평소 훈련에 따라 ⑨ ███하는 연습을 하는 등의 안전 교육과 관련된 내용이다.

> **유아 경험의 실제**
>
> 화재경보기 소리와 함께 지진 대피 방송이 들리자, 유아들은 재빨리 책상 아래와 벽 쪽으로 대피한다. 지진이 잠시 멈췄다는 안내 방송 후 유아들은 교사의 안내에 따라 침착하면서도 신속하게 바깥으로 대피한다.

정답

(3) ① 교통안전 규칙
　　② 보행
　　③ 횡단
(4) ① 안전사고
　　② 화재
　　③ 재난
　　④ 학대
　　⑤ 유괴
　　⑥ 대처
　　⑦ 경험
　　⑧ 요청
　　⑨ 대피

〈신체운동 · 건강 영역의 통합적 이해〉

"나 잘하죠?"

바깥 놀이터에서 4세 반과 5세 반 유아들이 함께 놀이하고 있다. 유아들은 모래를 파 커다란 구덩이를 만들었다. 4세 은제는 모래 구덩이를 뛰어넘다가 모래 구덩이 속에 빠진다.

은제   (모래 구덩이를 바라보며) **아, 이거 어려운데…….**

은제는 한쪽 다리를 크게 들어올려 모래 구덩이에서 위로 올라온다. 그러다 옆에서 소꿉놀이를 하던 수하의 얼굴에 모래가 튄다.

은제   (수하의 표정을 살피며) **수하야, 미안해.**

4세 수하는 얼굴을 찡그리더니 말없이 얼굴에 묻은 모래를 털어 낸다.
옆에 있던 5세 지원이가 말한다.

지원   **음……. 나는 이거 할 수 있을 것 같은데……. 하얏!**

지원이는 모래 구덩이를 가볍게 뛰어넘는다. 지원이는 모래 구덩이의 가장 긴 거리를 뛰어넘고, 반대편에서 또 다시 뛰어넘기를 반복한다. 지원이는 모래 구덩이 뛰어넘기를 성공할 때마다 웃는다.

지원이를 지켜보던 은제가 모래 구덩이 뛰어넘기를 다시 시도한다. 은제는 모래 구덩이 가장자리 끝을 뛰어넘었지만, 두 발로 서서 착지하지 못하고 넘어졌고, 두 손으로 바닥을 짚고 곧바로 일어난다. 그리고 손바닥과 무릎에 묻은 모래를 툭툭 털어 낸다.
지원이와 은제의 모습을 보고 있던 4세 수하가 소꿉놀이를 멈추고 벌떡 일어난다. 그리고 금세 모래 구덩이를 풀쩍 뛰어넘는다. 그리고 활짝 웃으며 말한다.

수하   **"나 잘하죠?"**

〈5개 영역의 통합적 이해〉

• 빈칸에 들어갈 내용을 써 봅시다.

신체운동 · 건강		
• 신체활동 즐기기	①	유아는 모래 구덩이에서 올라올 때 다리를 넓게 벌려야 한다는 것을 앎. 유아는 넘어졌을 때 손바닥과 무릎에 묻은 모래를 툭툭 털어 냄.
	②	모래 구덩이를 뛰어넘을 때 자신의 팔과 다리, 허리 등의 움직임을 조절함.
	③	유아들은 한 곳에서 다른 곳으로 점프하며 몸이 움직이는 방향과 공간에 대해 느끼며, 힘과 빠르기를 다르게 하여 몸을 이동함.
	④	유아들은 스스로 모래 구덩이를 뛰어넘으며 신체활동에 즐겁게 참여함.
• 안전하게 생활하기	⑤	유아들은 모래 구덩이의 크기와 너비를 살펴보고, 자신이 잘 뛰어넘는 방법에 대해 생각하며 놀이함. 모래가 튀어서 친구의 얼굴에 묻거나 눈에 들어가면 위험할 수 있다는 것을 알고 행동을 조심함.
의사소통		
• 듣기와 말하기	말이나 이야기를 관심 있게 듣는다.	유아는 소꿉놀이를 하면서 친구들을 관심 있게 지켜봄.
	자신의 경험, 느낌, 생각을 말한다.	유아는 교사에게 자신의 경험과 느낌, 생각을 말함.
사회관계		
• 나를 알고 존중하기	나를 알고 소중히 여긴다.	유아는 모래 구덩이 뛰어넘기를 성공하며 성취감과 만족감을 느낌. 유아는 모래 구덩이를 훌쩍 뛰어넘을 수 있는 자신의 능력을 알고, "나 잘하죠?"라고 말하며 자신을 가치 있는 존재로 느낌.
• 더불어 생활하기	서로 다른 감정, 생각, 행동을 존중한다.	유아는 활짝 웃으며 모래 구덩이를 훌쩍 뛰어넘은 기쁨을 표현함. 이와 달리 실패한 유아는 성공한 유아가 부럽고 한편으로 속상하지만 모래 구덩이 뛰어넘기를 다시 도전함. 유아는 친구의 얼굴에 모래가 튀었을 때, 친구의 찡그린 얼굴 표정을 보고 친구의 감정을 알아차렸고, 미안한 마음을 적절한 말로 상황에 맞게 표현함. 유아는 말없이 얼굴에 묻은 모래를 털어 내면서 친구의 실수를 이해해 줌.
자연탐구		
• 생활 속에서 탐구하기	일상에서 길이, 무게 등의 속성을 비교한다.	유아들은 자신이 뛰어넘을 수 있는 모래 구덩이의 너비를 비교한 뒤 자신이 잘 뛰어넘을 수 있는 거리를 선택함.

이것만은 꼭!!

1. **목표** 실내외에서 신체활동을 즐기고, 건강하고 안전한 생활을 한다.

1) 신체활동에 즐겁게 참여한다.
2) 건강한 생활습관을 기른다.
3) 안전한 생활습관을 기른다.

2. **내용**

내용 범주	내용
신체활동 즐기기	신체를 인식하고 움직인다.
	신체 움직임을 조절한다.
	기초적인 이동운동, 제자리 운동, 도구를 이용한 운동을 한다.
	실내외 신체활동에 자발적으로 참여한다.
건강하게 생활하기	자신의 몸과 주변을 깨끗이 한다.
	몸에 좋은 음식에 관심을 가지고 바른 태도로 즐겁게 먹는다.
	하루 일과에서 적당한 휴식을 취한다.
	질병을 예방하는 방법을 알고 실천한다.
안전하게 생활하기	일상에서 안전하게 놀이하고 생활한다.
	TV, 컴퓨터, 스마트폰 등을 바르게 사용한다.
	교통안전 규칙을 지킨다.
	안전사고, 화재, 재난, 학대, 유괴 등에 대처하는 방법을 경험한다.

Ⅱ 의사소통

목표

① ⬤⬤⬤⬤ 에 필요한 ② ⬤⬤⬤⬤ ⬤⬤ 과 ③ ⬤⬤⬤ 을 기른다.

"저기 저 사람 봐. 날아가고 있어."

유아는 주변 사람들과 소통하며 관계를 맺는 능동적인 의사소통자이다. 유아는 다른 사람의 말을 주의 깊게 듣고 자신의 생각과 느낌을 다양한 방법으로 표현하며 소통하는 것을 즐기고, 책과 이야기에 관심을 갖는다. 의사소통 영역은 유아가 다른 사람과 소통하며, 일상에서 만나는 글자나 상징에 관심을 가지고 책과 이야기를 즐기는 경험과 관련된 내용이다. 교사는 유아가 자신의 느낌과 생각을 적절하게 말하는 경험을 통해 바른 언어생활을 할 수 있도록 돕는다. 또한 유아가 아름다운 우리말이 담긴 책과 이야기에 흥미를 가지고 언어가 주는 재미와 상상을 충분히 즐길 수 있도록 지원할 수 있다.

목표 및 내용 범주 이해하기

의사소통 영역의 목표와 내용 범주는 유아가 일상생활에서 다른 사람의 말이나 이야기를 듣고 말하기를 즐기며, 주변의 상징을 읽고 글자와 비슷한 형태로 써 보기에 관심을 가지며, 다양한 책과 이야기를 통해 상상하기를 즐기는 내용으로 구성하였다.

• 유아의 듣고 말하는 경험이 분리되지 않음을 고려하여 기존 누리과정의 '듣기'와 '말하기'를 '듣기와 말하기'로 제시하였다.

• 유아의 읽고 쓰는 경험이 분리되지 않음을 고려하여 기존 누리과정의 '읽기'와 '쓰기'를 '읽기와 쓰기에 관심 가지기'로 제시하였다.

• 유아가 동화와 동시, 말놀이와 이야기 짓기 등 일상에서 자연스럽게 문학을 즐기는 경험에 중점을 두어 '책과 이야기 즐기기' 내용 범주를 새롭게 제시하였다.

'① '
유아가 다른 사람의 말이나 이야기를 관심 있게 듣고, 자신의 경험, 느낌, 생각을 상황에 적절한 단어를 사용하여 말하고, 고운 말을 사용하는 내용이다.

'② ★★★ ★★★ ★★★'
유아가 말과 글의 관계에 관심을 가지고, 주변의 상징, 글자 등을 읽으며, 자신의 생각을 글자와 비슷한 형태로 표현해 보는 내용이다.

'③ ★★★ ★★★ ★★★'
유아가 다양한 책에 관심을 가지고 상상하며, 동화, 동시에서 말의 재미를 느끼고, 말놀이와 이야기 짓기를 즐기는 내용이다.

① 듣기와 말하기
② 읽기와 쓰기에 관심 가지기
③ 책과 이야기 즐기기

1. 내용 범주 : 듣기와 말하기

가. 목표

일상생활에서 ① 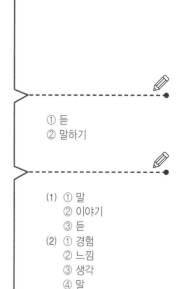고 ② ⭐⭐⭐를 즐긴다.

나. 내용

(1) ① ⭐이나 ② ⭐⭐⭐를 관심 있게 ③ ⭐는다.

> **내용 이해**
>
> 유아가 다른 사람이 하는 ① ⭐과 흥미로운 주제, 익숙한 경험이 담긴
> ② ⭐⭐⭐에 관심을 가지며 ③ ⭐는 내용이다.

(2) 자신의 ① ⭐⭐, ② ⭐⭐, ③ ⭐⭐을 ④ ⭐한다.

> **내용 이해**
>
> 유아가 상대방에게 자신의 ① ⭐⭐, ② ⭐⭐, ③ ⭐⭐을 자유롭게
> ④ ⭐하는 내용이다.

> **유아 경험의 실제**
>
> 유아가 친구들에게 동물원에 놀러 갔던 이야기를 신나고 재미있게 들려준다.
> 유아는 "나는 호랑이다. 어흥!" 하며 눈을 크게 뜨고, 목소리를 굵고 거칠게
> 한다. 이어 원숭이에 대한 이야기를 할 때는 가늘고 날카로운 음성으로 바꿔
> 말한다. 옆에서 이야기를 듣던 유아들이 원숭이 동작과 목소리를 흉내 내며
> 웃는다.

(3) ① 단어
② 말
③ 때
④ 장소
⑤ 대상
⑥ 상황
⑦ 문장
(4) ① 듣
② 관련
③ 말
④ 생각
⑤ 의도
⑥ 감정

(3) 상황에 적절한 ① ⭐⭐ 를 사용하여 ② ⭐ 한다.

내용 이해

유아가 ③ ⭐ 와 ④ ⭐⭐, ⑤ ⭐⭐ 과 ⑥ ⭐⭐ 을 고려하여 적절한 ① ⭐⭐ 와 ⑦ ⭐⭐ 을 선택하여 ② ⭐ 하는 내용이다.

유아 경험의 실제

유아들이 병원 놀이를 한다. 의사 역할을 하는 유아가 "어디가 아파서 오셨어요?"라고 묻자 환자 역할을 하는 유아가 "의사 선생님, 배가 너무 아파요."라고 말하며 배를 움켜쥔다. 의사가 진찰을 한 후 옆에 있던 간호사 역할을 하는 유아가 "이쪽으로 오세요. 주사 맞아야 합니다."라고 말한다.

(4) 상대방이 하는 이야기를 ① ⭐ 고 ② ⭐⭐ 해서 ③ ⭐ 한다.

내용 이해

유아가 다른 사람이 이야기하는 내용을 듣고 말하는 사람의 ④ ⭐⭐, ⑤ ⭐⭐, ⑥ ⭐⭐ 을 고려하여 말하는 내용이다.

유아 경험의 실제

유아가 선생님에게 웃음참기놀이를 하자고 제안한다. 선생님이 유아에게 웃음참기놀이의 방법을 물어 보자, 유아는 자신이 생각한 웃음참기놀이의 방법을 또박또박 설명한다.

유아 : 그건…… 음…… 서로 웃기게 해서 안 웃으면 되는 거예요.

교사 : 어머. 정말 재미있겠는데! 여기 친구도 함께 해도 될까?

유아 : 네. 같이 하면 더 재밌어요.

교사 : 그럼 동생에게 웃음참기놀이를 어떻게 하는지 설명해 줄래?

유아 : 준서야, 서로 웃기게 해서 안 웃으면 되는 거야. 웃음을 참아야 돼. 알겠지? 선생님, 이제 우리 시작해요.

(5) 바른 ① ⭐⭐로 ② ⭐고 ③ ⭐한다.

내용 이해

유아가 말하는 사람에게 ④ ⭐⭐를 기울이며 ② ⭐는 내용이다. 말을 ⑤ ⭐까지 듣고, 자신의 의견을 말하는 내용이다.

유아 경험의 실제

유아들이 자신이 가장 좋아하는 음식에 대해 서로 이야기를 나누고 있다. 수정이가 "나는 아이스크림이 좋아. 왜냐하면 시원하고 달콤……" 하고 말을 끝내기도 전에 옆에 있던 우진이가 "나는 짜장면!" 하며 끼어든다. 그때 수정이가 "야! 내가 말하고 있잖아. 내 말 아직 안 끝났거든. 기다려 봐."라고 말하며 "아이스크림은 달콤해. 딸기 아이스크림이 제일 좋아. 넌?"

(6) ① ⭐⭐ 말을 사용한다.

내용 이해

유아가 일상생활에서 자주 쓰는 ② ⭐⭐⭐, ③ ⭐⭐, ④ ⭐⭐⭐, 상대방을 ⑤ ⭐⭐하는 말을 사용하지 않고, 우리말을 ⑥ ⭐⭐⭐ 사용하는 내용이다.

(5) ① 태도
　　② 듣
　　③ 말
　　④ 주의
　　⑤ 끝
(6) ① 고운
　　② 유행어
　　③ 속어
　　④ 신조어
　　⑤ 비난
　　⑥ 바르게

2. 내용 범주 : 읽기와 쓰기에 관심 가지기

① 읽기
② 쓰기

(1) ① 말
    ② 글
    ③ 관심
(2) ① 상징
    ② 글자
    ③ 읽기
    ④ 관심
    ⑤ 생각
    ⑥ 감정
    ⑦ 정보

가. 목표

① ⭐⭐와 ② ⭐⭐에 관심을 가진다.

나. 내용

(1) ① ⭐과 ② ⭐의 관계에 ③ ⭐⭐을 가진다.

> **내용 이해**
>
> 유아가 일상에서 말이 글로, 글이 말로 옮겨지는 것에 관심을 갖는 내용이다.

> **유아 경험의 실제**
>
> 유아들이 음식점 놀이를 하고 있다. 유아가 "선생님, 우리 지금 가게 만들 건데 '김밥가게' 어떻게 적어요?" 하며 선생님에게 도움을 요청한다. 선생님은 유아가 잘 볼 수 있도록 보드판에 천천히 '김밥가게' 글자를 크게 적는다. 유아는 보드판의 글자를 보며 천천히 따라 적는다.

(2) 주변의 ① ⭐⭐, ② ⭐⭐ 등의 ③ ⭐⭐에 ④ ⭐⭐을 가진다.

> **내용 이해**
>
> 유아가 일상에서 자주 보는 ① ⭐⭐(표지판, 그림문자 등)이나 ② ⭐⭐ 읽기에 관심을 가지는 내용이다. 유아가 상징이나 글자에는 사람들의 ⑤ ⭐⭐과 ⑥ ⭐⭐, ⑦ ⭐⭐가 담겨 있다는 것을 이해하는 내용이다.

> **유아 경험의 실제**
>
> 유아가 교실 입구의 비상구 표시등을 가리키며 "저것 봐! 사람이 초록 색깔이야. 이렇게 하고 있어." 하며 비상구 사람의 모습을 흉내 낸다. 함께 이야기를 나누던 유아는 "나 저거 알아. 저거는 불날 때 저쪽으로 빨리 피하라는 말이야."라고 말한다.
>
>

(3) 자신의 생각을 ① ⭐⭐와 ② ⭐⭐⭐ ⭐⭐로 ③ ⭐⭐한다.

> **내용 이해**
>
> 유아가 자신의 생각이나 말을 ④ ⭐⭐거리거나 글자와 비슷한 선이나 모양, 글자와 비슷한 형태로 표현하는 내용이다.

정답

(3) ① 글자
　　② 비슷한 형태
　　③ 표현
　　④ 끼적

① 책
② 이야기
③ 상상

(1) ① 책
    ② 상상
(2) ① 동화
    ② 동시
    ③ 재미
    ④ 아름다움

3. 내용 범주 : 책과 이야기 즐기기

가. 목표

① ⭐이나 ② ⭐⭐⭐를 통해 ③ ⭐⭐하기를 즐긴다.

나. 내용

(1) ① ⭐에 관심을 가지고 ② ⭐⭐하기를 즐긴다.

> **내용 이해**
>
> 유아가 ① ⭐에 흥미를 가지며 책 보는 것을 즐기고 ② ⭐⭐하는 즐거움을 경험하는 내용이다.

> **유아 경험의 실제**
>
> 유아가 여러 책을 한꺼번에 쌓아 두고 읽는다. 다른 유아가 와서 "내가 좋아하는 공룡 책 여기 있어?" 하며 책을 찾는다. 유아가 책장을 넘기며 공룡 이름 맞추기를 하다가 브라키오사우루스가 나오자 "와! 정말 길다. 여기서 여기 끝까지 미끄럼 타면 진짜 재미있겠다.", "그런데 여기까지는 어떻게 올라가지?" 하며 낄낄낄 웃는다.

(2) ① ⭐⭐, ② ⭐⭐에서 말의 ③ ⭐⭐를 느낀다.

> **내용 이해**
>
> 유아가 ① ⭐⭐와 ② ⭐⭐를 자주 들으며 우리말의 ③ ⭐⭐와 ④ ⭐⭐⭐을 느끼는 내용이다.

> **유아 경험의 실제**
>
> 3세 반에서 교사가 동시를 읽어 주자 유아들이 서로 "꼬불꼬불?"이라고 말하며 까르르 웃는다. 그리고 유아들은 리본 막대를 휘두르며 "꼬불꼬불." 하며 서로 까르르 웃는다.

(3) ① ⭐⭐⭐ 와 ② ⭐⭐⭐ 짓기를 즐긴다.

내용 이해

유아가 끝말잇기, 수수께끼, 스무고개 등 다양한 말놀이를 즐기는 내용이다. 자신의 경험, 생각, 상상을 기초로 새로운 이야기를 ③ ⭐⭐⭐ 과정을 즐기는 내용이다.

유아 경험의 실제

서은이가 친구들에게 이야기를 한다.

서　　은 : 그 공주님이 사는 성에는 아~주 유명한 사다리가 있어. 그런데 그 사다리는 하늘까지 올라가고, 또 하늘을 넘어가지고~

하　　영 : 우주도 넘어?

서　　은 : 어. 우주에 우주까지도 넘는대.

유아들 : 헤엑~~

정답

(3) ① 말놀이
　　② 이야기
　　③ 만드는

〈의사소통 영역의 통합적 이해〉

말놀이

끝없이 이어지는 아이들의 이야기

유아들이 모여 솔비가 풍부한 상상력을 발휘하여 지어낸 이야기를 듣고 있다. 솔비는 운율과 리듬을 실어 자신이 상상으로 지어낸 이야기를 신나게 펼쳐 내고, 친구들은 서로 맞장구를 치며 재미있게 듣고 있다.

솔비 어떤 아이가~ 엄~~청 엄청 부잣집에 살고 있었는데╱, 그 집은... 엄~청 밥도╲ 많고╱~ ♬ 장난감도╲ 많고╱ 돈도╲ 많고╱ ♬ 쌀도 많고╱ ♬ 가구도 엄청 좋은 거고~ ♬

지호 변기통도╲ 많고╱~ ♬ 바가지도╲ 많고╱~ ♬

아이들 하하하하

솔비 근데 방이... 만~개가 되는 거야.

정훈 옛날 집인데도?

솔비 (속삭이며) 옛날 집 아니야. 근데 그 옆에는 엄~~~청 가난한 집이 있었어. 쌀도 한 개도╲ 없고 집에 방도 하나도╲ 없고~ ♬ 아예 집에~ 코딱지 한 개도 없는 거야.

지호 벌레 하나도 없어 가지고~~~~ 하하하

솔비 그런데 거기는 아~~주 유명한 공주 장난감이 있었는데, 그 공주 장난감에는 사다리가 하늘까지 하늘을 넘어 가지고 우주를 넘어 가지고 저어~~~~~우주를 넘는 사다리가 아주 긴~~사다리가 나오는데, 그게.... 만 원도╲ 넘고╱ ♬ 그 다음 백만 원도╲ 넘고╱ ♬ 너~무 비싼 거야~~

현민 일억도 넘어?

솔비 (고개를 끄덕임) 너~~무 비싸 가지고... 억만 백천구백 원이었대.

아이들 헤엑~~~

지호 만 원 백 개로 살 수 있겠다.

현민 만 원 백 개 있으면 백만 원인데?

솔비 그래서~ 나무를 팔아 가지고 책상도╲ 만들고╱~ ♬ 의자도╲ 만들고╱ ~ ♬ 해서, 그 가난한 집은 금방 부자가 됐대~~.

〈5개 영역의 통합적 이해〉　　• 빈칸에 들어갈 내용을 써 봅시다.

신체운동 · 건강		
• 신체활동 즐기기	신체 움직임을 조절한다.	유아들은 이야기에 나오는 상황을 몸짓으로 표현할 때 자신의 신체 움직임을 조절함.
의사소통		
• 듣기와 말하기	①	유아들은 솔비가 지어낸 재미있고 풍부한 상상 이야기를 적극적으로 들음.
	②	유아는 자신의 느낌, 생각을 친구들 앞에서 말함.
	③	유아들은 상상의 세계에 맞는 단어를 선택하기도 하고, 현실 세계에 적절한 단어를 선택하여 이야기함.
	④	유아들은 서로 이야기를 듣고 맞장구치며 관련하여 말함.
• 읽기와 쓰기에 관심 가지기	⑤	유아는 자신이 지어낸 이야기를 종이에 적어 종종 보면서 이야기를 이어감.
	⑥	유아는 상상의 이야기를 종이에 글자로 표현함.
• 책과 이야기 즐기기	⑦	유아들은 이야기 속에 몰입하여 상상하기를 즐김.
	⑧	유아들은 말도 안 되지만 나름대로 의미가 있는 말을 만들며 상상의 이야기를 즐김.
사회관계		
• 더불어 생활하기	친구와 서로 도우며 사이좋게 지낸다.	유아들은 솔비의 말에 맞장구치며 즐겁게 대화를 나누는 좋은 관계에 있음.
	서로 다른 감정, 생각, 행동을 존중한다.	유아들은 신나게 이야기하는 솔비의 상상 이야기를 재미있게 들음.
예술경험		
• 창의적으로 표현하기	신체, 사물, 악기로 간단한 소리와 리듬을 만들어 본다.	솔비는 음의 고저와 장단을 살려 아주 많거나 크다는 표현을 할 때는 높고 긴 소리를 내고, 그 앞 어휘의 끝은 소리를 낮춰 가며 이야기를 함.

① 말이나 이야기를 관심 있게 듣는다.
② 자신의 경험, 느낌, 생각을 말한다.
③ 상황에 적절한 단어를 사용하여 말한다.
④ 상대방이 하는 이야기를 듣고 관련해서 말한다.
⑤ 말과 글의 관계에 관심을 가진다.
⑥ 자신의 생각을 글자와 비슷한 형태로 표현한다.
⑦ 책에 관심을 가지고 상상하기를 즐긴다.
⑧ 말놀이와 이야기 짓기를 즐긴다.

이것만은 꼭!!

1. 목표   일상생활에 필요한 의사소통 능력과 상상력을 기른다.

1) 일상생활에서 듣고 말하기를 즐긴다.
2) 읽기와 쓰기에 관심을 가진다.
3) 책이나 이야기를 통해 상상하기를 즐긴다.

2. 내용

내용 범주	내용
듣기와 말하기	말이나 이야기를 관심 있게 듣는다.
	자신의 경험, 느낌, 생각을 말한다.
	상황에 적절한 단어를 사용하여 말한다.
	상대방이 하는 이야기를 듣고 관련해서 말한다.
	바른 태도로 듣고 말한다.
	고운 말을 사용한다.
읽기와 쓰기에 관심 가지기	말과 글의 관계에 관심을 가진다.
	주변의 상징, 글자 등의 읽기에 관심을 가진다.
	자신의 생각을 글자와 비슷한 형태로 표현한다.
책과 이야기 즐기기	책에 관심을 가지고 상상하기를 즐긴다.
	동화, 동시에서 말의 재미를 느낀다.
	말놀이와 이야기 짓기를 즐긴다.

Ⅲ 사회관계

목표

자신을 ① ⭐⭐ 하고 ② ⭐⭐⭐ 생활하는 태도를 가진다.

① 존중
② 더불어

> **"내가 도와줄게."**
>
> 유아는 자신을 소중히 여기고 주변 사람과 관계를 맺어 나가며 다른 사람을 배려하고 존중한다. 유아는 자신이 살고 있는 사회와 세상에 대해 알고 싶어 한다. 사회관계 영역은 유아가 자기 자신과 다양한 삶의 모습을 이해하고, 다른 사람과 더불어 살아가기 위해 필요한 의미 있는 경험과 관련된 내용이다. 교사는 유아가 자신을 소중하고 가치 있는 사람으로 여기며 다른 사람과 더불어 살아가는 방법을 익히도록 돕는다. 또한 유아가 자신이 속한 사회와 주변 세계에 대해 관심을 가지고 적응해 나갈 수 있도록 지원할 수 있다.

목표 및 내용 범주 이해하기

사회관계 영역의 목표와 내용 범주는 유아가 자신을 이해하고 존중하며, 친구와 가족 또는 다른 사람들과 사이좋게 지내며, 유아가 속한 지역사회와 우리나라, 다양한 문화에 관심을 갖는 내용으로 구성하였다.

- '나를 알고 존중하기'는 기존 누리과정의 '나'와 관련된 세부 내용을 통합하여 새롭게 제시하였다.
- 유아가 자신과 가장 가까운 가족 및 친구를 중심으로 다른 사람과의 관계에서 경험하는 사회적 가치나 태도를 '더불어 생활하기'로 통합하여 제시하였으며, 또한 예(禮), 존중, 배려, 협력 등의 인성 덕목을 반영하였다.
- '사회에 관심 가지기'에서는 문화 다양성을 이해하고 존중하는 내용이 포함되어 있다.

'① '
유아가 자신을 나타낼 수 있는 것과 자신의 감정을 알고 상황에 맞게 적절하게 표현하며, 자신이 할 수 있는 것을 스스로 해 봄으로써, 긍정적인 자아존중감과 자율성을 경험하는 내용이다.

'② ★★★ ★★★★'
유아가 가족의 의미와 소중함을 알며, 친구와 서로 돕고 양보, 배려, 협력하며 사이좋게 지내고, 사람들마다 감정, 생각, 행동이 각기 다름을 알고 존중하여, 친구와의 갈등을 여러 가지 긍정적인 방법으로 해결하는 내용이다. 또한 친구와 어른께 예의 바른 태도로 말하고 행동하며, 사회 공동체의 일원으로서 약속과 규칙의 필요성을 알고 지키는 내용이다.

'③ ★★★ ★★★★'
유아가 사회 구성원으로서 자신이 사는 지역에 관심을 가지고 탐구하며, 우리나라의 상징, 언어, 문화를 알아 가면서 대한민국 국민으로서 긍지와 자부심을 가지는 내용이다. 그리고 다른 나라의 다양한 문화에 관심을 가지고 존중하는 경험을 담고 있다.

① 나를 알고 존중하기
② 더불어 생활하기
③ 사회에 관심 가지기

1. 내용 범주 : 나를 알고 존중하기

가. 목표

자신을 ①⭐⭐하고 ②⭐⭐한다.

나. 내용

(1) 나를 ①⭐고 ②⭐⭐⭐ 여긴다.

> **내용 이해**
>
> 유아가 자신을 나타내는 ③⭐⭐, ④⭐⭐, ⑤⭐⭐ 등에 대해 알고, 자신을 소중히 여기며 가치 있는 존재로 느끼는 내용이다.

> **유아 경험의 실제**
>
> 5세 반 유아들이 숨바꼭질을 하려고 모여든다. 유아가 "나는 진짜 잘 숨을 수 있어."라고 말하자, 다른 유아들이 "나도 잘하거든. 나는 몸이 작아서 아무 데나 숨을 수 있어.", "나도 잘 숨거든!"이라고 말한다.

(2) 나의 ①⭐⭐을 알고 ②⭐⭐에 맞게 ③⭐⭐한다.

> **내용 이해**
>
> 유아가 자신의 ①⭐⭐에 대해 알고 다양한 ②⭐⭐에서 자신의 감정을 ④⭐하게 ③⭐⭐하는 내용이다.

> **유아 경험의 실제**
>
> 5세 반 유아들이 숨바꼭질을 하려고 모여든다. 유아가 "나는 진짜 잘 숨을 수 있어."라고 말하자, 다른 유아들이 "나도 잘하거든. 나는 몸이 작아서 아무 데나 숨을 수 있어.", "나도 잘 숨거든!"이라고 말한다. 이때 다른 유아가 "나도 할래." 하며 다가온다. 먼저 숨바꼭질을 하던 유아가 "너는 늦게 왔으니까 먼저 술래 해!"라고 말한다. 늦게 온 다른 유아는 "그런 게 어딨어! 네가 하기 싫어서 그런 거잖아. 가위바위보로 정해. 나도 술래하기 싫다고!"라고 말한다.

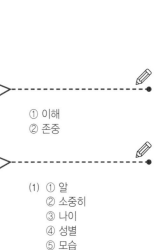

정답

① 이해
② 존중

(1) ① 알
② 소중히
③ 나이
④ 성별
⑤ 모습
(2) ① 감정
② 상황
③ 표현
④ 적절

(3) ① 스스로
② 자신감
③ 자율

(3) 내가 할 수 있는 것을 ① ⭐⭐⭐ 한다.

내용 이해

유아가 자신이 할 수 있는 일을 알고 ② ⭐⭐⭐을 가지며 ③ ⭐⭐적으로 실천해 가는 내용이다.

유아 경험의 실제

유아가 등원하자마자 선생님에게 오늘 자신이 도우미인 것을 확인하며 말한다. "저는 도우미하는 날이 좋아요. 저는 화분에 물 주는 것도 잘하고, 친구들에게 간식을 나눠 주는 것도 잘할 수 있어요."라고 말한다. 선생님이 "그럼 오늘의 도우미는 제일 먼저 무엇을 할 생각이야?"라고 웃으며 묻자, "화분에 물 주러 가야지."라고 말하며 물을 뜨러 화장실 쪽으로 간다.

2. 내용 범주 : 더불어 생활하기

가. 목표

다른 사람과 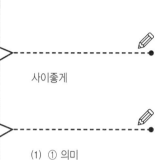 지낸다.

나. 내용

(1) 가족의 ① ⬤⬤를 알고 ② ⬤⬤하게 지낸다.

> **내용 이해**
>
> 유아가 자신의 가족 ③ ⬤⬤⬤을 알고, 가족과 함께 생활하며, 가족은 서로 ④ ⬤⬤ 살아간다는 것을 경험하는 내용이다. 가족의 구성원이 ⑤ ⬤⬤⬤을 이해하고 존중하는 내용이다.

> **유아 경험의 실제**
>
> 4세 유아는 가족과 지냈던 일에 대해 그림을 그리며 웃으면서 말한다. "엄마, 아빠랑 캠핑 갔는데 정말 재미있었어요. 아빠가 밥하고 고기를 구웠고, 엄마는 식탁을 차렸어요. 저는 물컵을 꺼냈어요. 밥을 다 먹고 나서, 같이 공놀이도 하면서 놀았어요."

(2) ① ⬤⬤와 서로 ② ⬤⬤⬤ ③ ⬤⬤⬤⬤ 지낸다.

> **내용 이해**
>
> 유아가 친구들과 함께 놀이하는 즐거움을 느끼고 친구와 서로 도우며 ④ ⬤⬤하고 ⑤ ⬤⬤하며 더불어 살아가는 내용이다.

> **유아 경험의 실제**
>
> 유아들이 도화지에 물감을 흘리면서 무늬를 만들고 있다. 4세 수연이가 높은 위치에서 물감을 흘러내리게 하다가 물감이 현우의 팔에 튄다. 현우가 얼굴을 붉히며 "야! 내 팔에 물감이 튀었잖아!"라고 말하자 수연이는 "미안해, 이제 작게 뿌릴게."라고 말하며 아까보다 낮은 위치에서 물감을 흘러내리게 한다.

(3) ① 갈등
    ② 긍정
    ③ 해결
    ④ 표현
    ⑤ 배려
    ⑥ 타협
(4) ① 감정
    ② 생각
    ③ 행동

(3) 친구와의 ① ⭐⭐ 을 ② ⭐⭐ 적인 방법으로 ③ ⭐⭐ 한다.

내용 이해

유아가 친구와 ① ⭐⭐ 이 생겼을 때 자신의 감정과 생각을 제대로 ④ ⭐⭐ 하고, ⑤ ⭐⭐, 양보, ⑥ ⭐⭐ 등을 통해 해결하는 내용이다.

유아 경험의 실제

유아들이 고무줄뛰기를 하고 있다. 고무줄뛰기를 하고 싶은 유아들이 많아지자 서로 먼저 뛰겠다고 큰 소리로 이야기한다. 5세 유아들이 누가 먼저 할지 순서를 정해야 한다고 말한다. 이때, 우재가 "우리 먼저 온 순서대로 여기 이름을 적으면 되잖아."라고 말하더니 3세 도하 손을 잡아 이끈다. "도하야, 아까 네가 제일 먼저 왔지? 여기에 네 이름 적어 봐. 못 적으면 형아가 적어 줄까?"라고 말한다.

(4) 서로 다른 ① ⭐⭐, ② ⭐⭐, ③ ⭐⭐ 을 존중한다.

내용 이해

유아가 다른 사람들의 ① ⭐⭐, ② ⭐⭐, ③ ⭐⭐ 에 관심을 갖고 감정, 생각, 행동이 서로 다를 수 있음을 이해하고 존중하는 내용이다.

유아 경험의 실제

5세 유아가 '가위바위보' 하여 이긴 사람이 한 계단씩 올라가는 놀이를 한다. 먼저 계단을 올라간 두 유아가 계단을 다 오르지 못한 유아를 남겨 두고 미끄럼틀로 뛰어간다. 혼자 남은 유아가 "나 혼자만 여기 있잖아." 하며 울먹이자, 미끄럼틀로 뛰어가던 유아가 되돌아와 친구의 어깨를 두어 번 토닥이며 "같이 가자."라고 말한다. 그리고 손을 잡고 함께 계단을 올라 미끄럼틀 쪽으로 달려간다.

(5) 친구와 어른께 ① ⭐⭐ ⭐⭐⭐ 행동한다.

내용 이해

유아가 친구와 어른께 ② ⭐⭐, ③ ⭐⭐, ④ ⭐⭐하는 마음을 담아 ⑤ ⭐⭐을 ⑥ ⭐⭐하는 내용이다.

(6) ① ⭐⭐과 ② ⭐⭐의 ③ ⭐⭐⭐을 알고 지킨다.

내용 이해

유아가 다른 사람과 더불어 살아가기 위해 필요한 ① ⭐⭐과 ② ⭐⭐이 있음을 이해하는 내용이다. 상황에 따라 필요한 약속과 규칙을 ④ ⭐⭐하여 정하고 지키는 내용이다.

유아 경험의 실제

실내 놀이를 마친 뒤 5세 반의 몇몇 유아들이 놀이할 때 불편한 점이 있었다고 말한다. 하선이가 "우리끼리 약속 좀 만들어야겠다."라고 말하자 유아들이 매트 위에 모여 앉았고, 진지하게 이야기를 나누며 놀이 약속을 정한다.

다음 날, 유아들끼리 정한 약속을 교사는 색종이에 적어 칠판에 붙여 준다. 한 유아는 놀이 약속 옆에 손가락 도장을 찍으며 "내가 지킬 수 있는 약속이 이거야."라고 말한다.

(5) ① 예의 바르게
② 배려
③ 존중
④ 공경
⑤ 예절
⑥ 실천
(6) ① 약속
② 규칙
③ 필요성
④ 의논

① 사회
② 문화

(1) ① 살
② 곳
③ 궁금
④ 유대감
⑤ 소속감
(2) ① 우리나라
② 자부심
③ 친숙
④ 상징
⑤ 언어
⑥ 문화
⑦ 자랑스러운

3. 내용 범주 : 사회에 관심 가지기

가. 목표

우리가 사는 ① ⭐⭐와 다양한 ② ⭐⭐에 관심을 가진다.

나. 내용

(1) 내가 ① ⭐고 있는 ② ⭐에 대해 ③ ⭐⭐한 것을 알아본다.

> **내용 이해**
>
> 유아가 자주 접하는 가까운 주변 지역과 이웃에 대해 관심을 가지고, 궁금한 것을 알아보며, 지역 구성원으로서 ④ ⭐⭐⭐과 ⑤ ⭐⭐⭐을 느끼는 내용이다.

> **유아 경험의 실제**
>
> 유아들이 함께 블록으로 동네를 만든다. 유아들은 도서관을 만들면서 이야기를 나눈다. "여기는 도서관! 우리 도서관 가 봤지? 우리 동네에 도서관이 있으니까 좋다. 그치?", "응, 선생님한테 내일 또 도서관 가자고 말씀드리자."

(2) ① ⭐⭐⭐⭐에 대해 ② ⭐⭐⭐을 가진다.

> **내용 이해**
>
> 유아가 우리나라의 전통에 ③ ⭐⭐해지고, 우리나라의 ④ ⭐⭐, ⑤ ⭐⭐, ⑥ ⭐⭐ 등을 경험하면서, 우리나라에 대해 ⑦ ⭐⭐⭐⭐⭐ 마음을 가지는 내용이다.

바깥 놀이터에서 유아들과 선생님이 이야기를 나눈다.

우　　재 : 너희들은 우리나라에서 누가 제일 좋아?

유아들 : 이순신 장군! 세종대왕!

교　　사 : 왜 좋아하는데?

시　　연 : 한글을 만들었잖아요. 나는 한글을 진짜 잘 쓰는데, 한번 보세요.
　　　　　 (모랫 바닥에 나뭇가지로 자신의 이름을 쓴다.)

유아들 : 나도 내 이름 써야지, 아! 맞다. 내일 한글날이라 했지.

---

(3) ① ⭐⭐⭐ ⭐⭐ 에 관심을 가진다.

내용 이해

유아가 다른 나라의 다양한 문화와 생활방식에 대해 관심을 가지고, 문화의
② ⭐⭐⭐ 을 이해하며 존중하는 내용이다.

---

(3) ① 다양한 문화
　　② 다양성

〈사회관계 영역의 통합적 이해〉

알겠어. 미안해!

하원 시간. 우주는 놀이를 계속하고 있는 서연이에게 블록 정리를 하자고 말한다.

우주   (서연이의 귀 뒤쪽에 대고) **이제 블록 정리하는 시간이야!**

서연이가 듣기에 우주의 큰 목소리는 자신의 귀에 대고 크게 소리를 지르는 것처럼 들린다.

서연   **귀에 대고 하지 마! 귀 아파!**
우주   **아니야. 나는 머리카락에 대고 말했거든.** (서연이의 귀 뒷면 머리를 만진다.)
서연   **너가 내 귀에 대고 크게 말했잖아. 귀 아팠거든.**
우주   (매우 큰 목소리로) **아니야. 나는 여기에 대고 말했어.**

우주와 서연이의 모습을 지켜보던 은성이가 다가와 무슨 일인지 묻는다.

우주   (울먹이는 듯한 목소리로) **있잖아. 내가 귀에 말 안 하고 여기 머리카락에 말했는데, 서연이가 자꾸 내가 귀에 대고 말했다고 하잖아. 나 기분 진짜 안 좋아. 힝!**
은성   **알겠어. 서연이가 어떤 말했는데?**
서연   **얘가 내 귀에 대고 말했다구! 여기가 귀야.** (서연이는 자신의 귀를 만지며 소리가 들렸던 위치를 가리킨다.)

은성이는 두 유아의 말을 듣고 팔짱을 끼고 잠시 말없이 생각하더니, 서연이에게 **"귀를 막아 봐."**라고 말한다. 서연이가 두 손가락으로 귀를 막는다. 은성이는 서연이의 등 뒤로 돌아가 서연이의 귀 옆에서 소리를 낸다.

은성   **아 아...** (서연이에게) **어때? 소리 들려?**
서연   **응. 귀에 대고 하는 것처럼 들려.**
은성   **이제 됐지?**
우주   **봐 봐, 맞지? 나 여기 뒤에다 대고 말했지?**
서연   **알겠어. 미안해.**

〈5개 영역의 통합적 이해〉

• 빈칸에 들어갈 내용을 써 봅시다.

의사소통		
• 듣기와 말하기	말이나 이야기를 관심 있게 듣는다.	은성이는 갈등 상황에 있는 유아들의 말을 관심 있게 들음.
	자신의 경험, 느낌, 생각을 말한다.	우주와 서연이는 자신의 입장을 적극적으로 주장 함.
	상황에 적절한 단어를 사용하여 말한다.	유아들은 상황에 적절한 단어와 문장을 사용하여 말함.
	상대방이 하는 이야기를 듣고 관련해서 말한다.	갈등 중에 있는 유아들이나 갈등을 해결하려는 유 아 모두 서로의 이야기를 듣고 상대방의 생각, 의 도, 감정을 이해하여 관련지어 말하고자 노력함.
사회관계		
• 나를 알고 존중하기	①	서연이는 자신의 귀가 아프다는 것을 알고 보호하 려고 하며, 우주는 자신의 행동에 대한 오해를 풀 기 위해 적극적인 태도를 취함.
	②	갈등 중에 있는 두 유아는 서로 자신의 속상한 감 정을 알고 상황에 맞게 말함.
• 더불어 생활하기	③	은성이는 두 친구의 갈등을 긍정적인 방법으로 해 결함.
	④	은성이는 두 유아의 문제 해결을 위해 적극적으로 도움.
	⑤	은성이는 두 유아가 느끼는 감정, 생각, 행동을 존 중하여 갈등의 원인이 된 상황을 재연하기를 제안 함.
자연탐구		
• 생활 속에서 탐구하기	물체의 특성과 변화를 여러 가지 방법으로 탐색한다.	유아들은 갈등을 해결하는 과정에서 귀 옆에서 크 게 말하는 소리는 귀에 대고 하는 소리로 들릴 수 있음을 알게 됨.
	물체의 위치와 방향, 모양을 알고 구별한다.	유아들은 귀의 위치, 말소리가 들린 귀 옆 등 방향 을 짚어 가며 서로 말함.

① 나를 알고 소중히 여긴다.
② 나의 감정을 알고 상황에 맞게 표현한다.
③ 친구와의 갈등을 긍정적인 방법으로 해결한다.
④ 친구와 서로 도우며 사이좋게 지낸다.
⑤ 서로 다른 감정, 생각, 행동을 존중한다.

이것만은 꼭!!

1. 목표   자신을 존중하고 더불어 생활하는 태도를 가진다.

1) 자신을 이해하고 존중한다.
2) 다른 사람과 사이좋게 지낸다.
3) 우리가 사는 사회와 다양한 문화에 관심을 가진다.

2. 내용

내용 범주	내용
나를 알고 존중하기	나를 알고 소중히 여긴다.
	나의 감정을 알고 상황에 맞게 표현한다.
	내가 할 수 있는 것을 스스로 한다.
더불어 생활하기	가족의 의미를 알고 화목하게 지낸다.
	친구와 서로 도우며 사이좋게 지낸다.
	친구와의 갈등을 긍정적인 방법으로 해결한다.
	서로 다른 감정, 생각, 행동을 존중한다.
	친구와 어른께 예의 바르게 행동한다.
	약속과 규칙의 필요성을 알고 지킨다.
사회에 관심 가지기	내가 살고 있는 곳에 대해 궁금한 것을 알아본다.
	우리나라에 대해 자부심을 가진다.
	다양한 문화에 관심을 가진다.

Ⅳ 예술경험

(목표)

① ⭐⭐⭐⭐ 과 ② ⭐⭐ 에 관심을 가지고 ③ ⭐⭐⭐ 표현을 즐긴다.

① 아름다움
② 예술
③ 창의적

"빨간색, 노란색, 파란색들이 춤을 추고 있어요."

유아는 일상에서 아름다움과 경이감을 느끼고 즐기며 표현하는 풍부한 감성을 가진 존재이다. 예술경험 영역은 유아가 자연, 생활, 예술에서 아름다움을 찾아보고 느끼며, 다채롭고 창의적인 방법으로 자신의 경험, 생각, 느낌을 표현해 보고, 다양한 예술 표현을 존중하는 경험과 관련된 내용이다. 교사는 유아가 아름다움을 느끼고 즐기며 창의적으로 표현하는 과정을 통해 풍부한 감수성을 기르도록 돕는다. 또한 유아가 다양한 예술 감상을 통해 상상력을 키우고 예술 표현이 가지고 있는 고유의 가치를 존중하도록 지원할 수 있다.

목표 및 내용 범주 이해하기

예술경험 영역의 목표와 내용 범주는 유아가 자연, 생활, 예술에서 아름다움을 느끼고, 음악, 움직임과 춤, 미술, 극놀이 등의 예술에서 자신의 느낌과 생각을 창의적으로 표현하는 과정을 즐기며, 다양한 예술 작품을 감상하며 다른 사람의 예술 표현을 존중하는 내용으로 구성하였다.

- 유아가 자연과 생활, 예술에서 아름다움을 느끼고 즐기는 경험을 반영하여 '아름다움 찾아보기'를 새롭게 편성하였다.
- '창의적으로 표현하기'에서는 유아가 자신의 느낌과 생각을 음악, 움직임과 춤, 미술, 극놀이 등을 통해 자유롭게 표현하는 과정을 즐기는 내용으로 구성하였다.
- '예술 감상하기'에서는 유아가 다양한 예술을 통해 상상하기를 즐기고, 우리나라 고유의 전통 예술에 친숙해지는 경험을 강조하였다.

① 아름다움 찾아보기
② 창의적으로 표현하기
③ 예술 감상하기

'①★★★★★ ★★★★★'
유아가 자연과 생활에서 아름다움을 느끼며 예술적 요소에 관심을 가지고 찾아보는 내용이다.

'②★★★★★★ ★★★★★'
유아가 노래를 즐겨 부르고, 간단한 소리와 리듬을 만들어 보며, 자유롭게 움직이며 춤추고, 다양한 미술 재료와 도구를 활용하여 표현하며, 경험과 이야기를 극놀이로 표현하는 내용이다.

'③★★ ★★★★★'
유아가 자신과 또래의 작품뿐만 아니라 다양한 예술을 감상하며 상상하기를 즐기고, 서로 다른 예술 표현을 존중하며, 우리 고유의 전통 예술에 친숙해지는 내용이다.

1. 내용 범주 : 아름다움 찾아보기

가. 목표

①⭐⭐과 ②⭐⭐⭐ 및 ③⭐⭐에서 ④⭐⭐⭐⭐⭐을 느낀다.

나. 내용

(1) 자연과 생활에서 ①⭐⭐⭐⭐을 느끼고 ②⭐⭐⭐.

> **내용 이해**
>
> 유아가 자신의 주변에서 만나는 ③⭐⭐, ④⭐⭐, ⑤⭐⭐ 등의 ① ⭐⭐⭐⭐을 풍부하게 느끼며 즐기는 내용이다.

> **유아 경험의 실제**
>
> 벚꽃이 바람을 타고 눈처럼 휘날린다. 유아들이 "저것 봐! 눈이 오는 것 같아. 분홍색 눈이야. 정말 예쁘다!" 하며 감탄한다. 유아들은 하늘을 향해 고개를 들고 두 팔을 벌리며 흩날리는 벚꽃잎을 맞기도 하고, 바람결에 날아가는 벚꽃잎을 쫓아다니기도 한다. 그리고 땅에 떨어진 벚꽃잎을 조심스럽게 다루며 한 잎 한 잎 줍기도 한다.

(2) ①⭐⭐⭐ ⭐⭐에 관심을 갖고 찾아본다.

> **내용 이해**
>
> 유아가 주변의 자연과 생활에서 다양한 ②⭐⭐나 ③⭐⭐ 등의 ④ ⭐⭐적 요소, ⑤⭐이나 ⑥⭐⭐ 등과 같은 ⑦⭐⭐적 요소를 발견하고, 사물이나 동식물의 움직임에서 아름다움을 경험하는 내용이다.

> **유아 경험의 실제**
>
> 유아는 바깥 놀이터에서 스카프를 재빠르게 높이 올렸다 내리기를 반복하며 바람에 스카프를 날려 보기도 한다. 스카프가 펄럭이고 날아가는 모습을 보며 "바람 따라 춤추는 것 같아.", "파도같이 움직여." 하며 즐거워한다.

① 자연
② 생활
③ 예술
④ 아름다움

(1) ① 아름다움
② 즐긴다
③ 자연
④ 공간
⑤ 사물
(2) ① 예술적 요소
② 소리
③ 리듬
④ 음악
⑤ 색
⑥ 형태
⑦ 미술

① 창의
② 표현
③ 과정

(1) ① 노래
　　② 소리
　　③ 박자
　　④ 노랫말
(2) ① 신체
　　② 사물
　　③ 악기
　　④ 소리
　　⑤ 리듬
　　⑥ 창의
(3) ① 신체
　　② 도구
　　③ 움직임
　　④ 춤
　　⑤ 자유롭게
　　⑥ 표현
　　⑦ 생각
　　⑧ 느낌

2. 내용 범주 : 창의적으로 표현하기

가. 목표

예술을 통해 ①⭐⭐적으로 ②⭐⭐하는 ③⭐⭐을 즐긴다.

나. 내용

(1) ①⭐⭐를 즐겨 부른다.

내용 이해

유아가 흥얼거리거나 친구들과 함께 ②⭐⭐와 ③⭐⭐ 등을 느끼고 ④⭐⭐⭐을 바꾸어 불러 보며 ①⭐⭐ 부르기를 즐기는 내용이다.

유아 경험의 실제

유아가 바깥 놀이터의 소꿉놀이 그릇을 모두 뒤집어 펼쳐 놓고 숟가락으로 여기저기 두드린다. 이때 교사가 지나가자, "선생님, 들어 보세요. 소리가 모두 달라요. 저는 지금 피아노 치고 있어요." 하며 최근에 배운 새 노래 '유리창에 예쁜 은구슬'을 흥얼거린다. 선생님은 "오! 정말 소리가 다르네. 정말 피아노 치는 것 같네." 하며 유아의 곁에서 함께 노래한다.

(2) ①⭐⭐, ②⭐⭐, ③⭐⭐로 간단한 ④⭐⭐와 ⑤⭐⭐을 만들어 본다.

내용 이해

유아가 자신의 ①⭐⭐, 주변의 ②⭐⭐, 리듬 ③⭐⭐ 등을 사용하여 ④⭐⭐와 ⑤⭐⭐을 ⑥⭐⭐적으로 만들어 보는 내용이다.

(3) ①⭐⭐나 ②⭐⭐를 활용하여 ③⭐⭐⭐과 ④⭐으로 ⑤⭐⭐⭐⭐ 표현한다.

내용 이해

유아가 자연과 생활에서 발견한 다양한 움직임을 자유롭게 ⑥⭐⭐하고 나아가 자신의 ⑦⭐⭐과 ⑧⭐⭐을 자신의 신체나 다양한 도구를 활용하여 ③⭐⭐⭐과 ④⭐으로 표현하는 내용이다.

> **유아 경험의 실제**
>
> 유아가 창문 밖으로 나뭇잎이 바람에 날리는 모습을 보며 큰 소리로 "와! 저 것 봐. 나뭇잎이 데굴데굴 잘도 굴러가고 있어!"라고 말한다. 잠시 후 유아는 교실에 있는 리본 막대를 들고 동그랗게 흔들면서 "나뭇잎이 동글동글 굴러가고 굴러가고."라고 흥얼거린다.

(4) 다양한 미술 ① ⭐⭐ 와 ② ⭐⭐ 로 자신의 ③ ⭐⭐ 과 ④ ⭐⭐ 을 표현한다.

> **내용 이해**
>
> 유아가 자연과 생활에서 발견한 다양한 ① ⭐⭐ 와 ② ⭐⭐ 를 활용하여 여러 가지 방법으로 표현하는 내용이다. 자신의 ⑤ ⭐⭐, ④ ⭐⭐, ③ ⭐⭐ 등을 ⑥ ⭐⭐ 적으로 표현하는 과정을 즐기는 내용이다.

(5) ① ⭐⭐⭐ 로 ② ⭐⭐ 이나 ③ ⭐⭐⭐ 를 표현한다.

> **내용 이해**
>
> 유아가 자신의 경험, 다양한 상황, 이야기를 자유롭게 ④ ⭐⭐ 하며 ① ⭐⭐⭐ 로 표현하는 과정을 즐기는 내용이다.

> **유아 경험의 실제**
>
> 유아가 친구들에게 꿀벌놀이를 하자고 제안한다.
>
> 수진 : 나는 여왕벌 할래. 너희들은 모두 일벌 해. 아이 배고파. 일벌들아 꽃에게 가서 꿀을 가져와.
>
> 유찬 : (날갯짓하며 교실을 한 바퀴 돌아와 수진이에게 손을 내밀며) 이건 꿀이야. 자, 먹으세요!
>
> 승민 : 나는 말벌이야. 너희들은 꿀벌이니까 도망가야 돼. 윙윙.
>
> 꿀벌 역할을 맡은 두 유아가 "으악!" 하며 달아난다. 이 모습을 보고 있던 희원이와 민이가 "애들아, 잠깐 기다려 봐. 우리가 꿀벌 집 만들어 줄게."라고 말하며 상자, 사인펜, 물감 등을 가지고 모인다.

(4) ① 재료
　② 도구
　③ 생각
　④ 느낌
　⑤ 경험
　⑥ 창의
(5) ① 극놀이
　② 경험
　③ 이야기
　④ 상상

① 다양한
② 표현
③ 존중

(1) ① 다양한
② 감상
③ 상상
(2) ① 다른
② 존중

3. 내용 범주 : 예술 감상하기

가. 목표

① ⭐⭐ 예술 ② ⭐⭐ 을 ③ ⭐⭐ 한다.

나. 내용

① ⭐⭐ 예술을 ② ⭐⭐ 하며 ③ ⭐⭐ 하기를 즐긴다.

> **내용 이해**
>
> 유아가 자신과 또래의 작품이나 음악, 춤, 미술작품, 극 등 다양한 예술을 ② ⭐⭐ 하고 자유롭게 ③ ⭐⭐ 하기를 즐기는 내용이다.

> **유아 경험의 실제**
>
> 유아들이 분홍색 한지를 구기고 찢어서 꾸민 봄꽃 작품을 감상하며 "와! 예쁘다. 어! 이건 어떻게 했지? 이렇게 하니까 진짜 꽃 같다. 꽃 냄새 맡아 보자. 흠, 꼭 봄꽃 요정이 나타날 것 같아, 그치?" 하며 친구와 마주 보고 웃는다.

(2) 서로 ① ⭐⭐ 예술 표현을 ② ⭐⭐ 한다.

> **내용 이해**
>
> 유아가 자신과 또래의 작품, 음악, 춤, 미술작품, 극 등에 포함된 다양한 표현을 ② ⭐⭐ 하는 내용이다.

> **유아 경험의 실제**
>
> 유아들이 '밀양 아리랑'을 들으며 장구를 자유롭게 두드린다. 한 유아가 "얘들아! 날 좀 보소." 하고 노래를 흥얼거리며 두 손으로 장구를 두드린다. 옆에 있던 유아가 장구를 세운 후 두드리며 "나는 세워서 두드려야지. 2개로도 할 수 있어."라고 말한다. 그러니까 옆에서 바라보던 유아가 "어? 세워서도 할 수 있네. 그렇게 쳐도 좋은 것 같다."

(3) 우리나라 ① ⭐⭐ 예술에 ② ⭐⭐을 갖고 ③ ⭐⭐해진다.

내용 이해

유아가 우리나라 고유의 ① ⭐⭐ 음악, 춤, 미술, 건축물, 극 등에 관심을 가지고 전통 예술을 ④ ⭐⭐하며 우리나라 문화에 ③ ⭐⭐해지는 내용이다.

유아 경험의 실제

유아들이 '밀양 아리랑'을 들으며 장구를 자유롭게 두드린다. 한 유아가 "얘들아! 날 좀 보소." 하고 노래를 흥얼거리며 두 손으로 장구를 두드린다. 옆에 있던 유아가 장구를 세운 후 두드리며 "나는 세워서 두드려야지. 2개로도 할 수 있어."라고 말한다. 그러니까 옆에서 바라보던 유아가 "어? 세워서도 할 수 있네. 그렇게 쳐도 좋은 것 같다."

정답

⑶ ① 전통
② 관심
③ 친숙
④ 감상

〈예술경험 영역의 통합적 이해〉

비 오는 날

비가 내리는 날. 창문 밖을 바라보던 유아들은 선생님에게 바깥으로 나가자고 제안한다.

우비와 장화 차림으로 친구들과 함께 바깥 놀이터로 나온 신유와 지효는 친구들과는 조금 떨어진 곳으로 걸어간다. 그리고 비가 와서 생긴 흙탕물 도랑을 밟으며 말없이 천천히 걷는다.

신유	(작은 목소리로) 소리가 난다.
지효	(미소 지으며 작은 목소리로) 응. 우비에서 소리가 난다.
신유	응. 신발에서도 소리가 난다. … 이것 봐. 발자국이 생긴다.
지효	너 발자국 위에 내 발자국 올라간다.

지효가 화단에 동백꽃잎들이 떨어진 것을 발견하고 동백꽃잎을 줍는다. 지효가 **"아 정말 부드럽다."**라고 말하자 신유가 **"살살 만져야겠어. 우리 동백꽃잎 케이크 만들자. 정말 맛있을 거야."** 하며 제안한다. 지효는 동백꽃잎을 주워 오고, 신유는 동백꽃잎으로 케이크를 만들기로 한다.

신유는 큰 냄비에 모래를 가득 담아 바닥에 엎고, 작은 그릇에도 모래를 가득 담아 그 위에 엎는다. 그리고 손으로 모래를 다듬으며 동백꽃잎을 하나씩 꽂는다.

교사가 분홍색 꽃잎이 비에 젖으니까 더 선명하고 예쁜 것 같다고 말한다. 신유는 **"동백꽃잎 케이크예요. 친구에게 선물하고 싶어요."**라고 말하며 계속 모래를 다듬으며 동백꽃잎을 꽂고, 지효는 계속 동백꽃잎을 주워 신유에게 전달한다.

동백꽃잎 케이크를 만든 뒤 지효는 화단에서 짧고 가느다란 나뭇가지를 주워온다. 그리고 작은 목소리로 신유에게 **"나무가 연필이라고 생각하고 서로 그려 주자."**라고 말한다. 지효와 신유는 모래 위에 서로의 모습을 나뭇가지로 그려 준다.

〈5개 영역의 통합적 이해〉 · 빈칸에 들어갈 내용을 써 봅시다.

신체운동 · 건강		
• 신체활동 즐기기	신체를 인식하고 움직인다.	유아들은 발로 천천히 걷기, 발자국 만들기, 엄지와 검지 손가락으로 조심스럽게 꽃잎 줍기, 손바닥으로 모래 다듬기 등의 신체를 인식하고 움직이는 경험을 함.
	신체 움직임을 조절한다.	유아들은 동백꽃잎, 젖은 모래, 나뭇가지 등 사물의 특성에 따라 손가락 힘의 강도를 조절함.
의사소통		
• 듣기와 말하기	말이나 이야기를 관심 있게 듣는다.	유아들은 빗소리와 물 웅덩이 등에 대해서 다양한 표현을 하며 서로의 이야기를 관심 있게 듣고 말함.
	자신의 경험, 느낌, 생각을 말한다.	유아들은 동백꽃잎이 떨어진 모습을 보며 서로의 생각을 말하고 상대방의 말이나 이야기를 듣고 적절하게 반응함.
사회관계		
• 더불어 생활하기	친구와 서로 도우며 사이좋게 지낸다.	유아들은 동백꽃잎 케이크를 만들기 위해 서로 역할을 분담하며 협력함. 서로의 모습을 예쁘게 그려 줌.
예술경험		
• 아름다움 찾아보기	①	유아들은 비가 내리는 날 만나는 자연과 공간, 사물에서 아름다움을 발견하고 풍부하게 느낌. 말없이 조용히 걸으며 주의를 기울여 빗소리를 듣고, 화단에서 발견한 동백꽃잎으로 동백꽃잎 케이크를 만들고, 서로의 모습을 그려 주는 모든 과정에서 아름다움을 느끼고 즐김.
	②	빗소리, 우비에 떨어지는 빗소리, 장화와 흙탕물 도랑이 만나는 소리 등의 음악적 요소, 동백꽃잎의 분홍빛, 곡선, 부드러운 질감과 모래의 까끌까끌한 질감 등의 미술적 요소에 주의를 기울이고, 케이크를 동백꽃잎과 불그스름한 나뭇잎으로 장식하며 케이크의 꼭대기에 동백꽃 한 송이를 장식하는 과정을 통해 색, 모양, 질감, 공간을 탐색함.
• 창의적으로 표현하기	③	동백꽃잎과 불그스름한 나뭇잎, 젖은 모래, 큰 냄비와 작은 그릇을 활용하여 2층으로 올린 동백꽃잎 케이크를 창의적으로 만듦. 동백꽃잎을 하나씩 둥글게 꽂고, 불그스름한 나뭇잎을 이중으로 꽂아 꾸밈. 화단에서 주운 짧고 가느다란 나뭇가지로 젖은 모래 위를 도화지 삼아 서로의 모습을 그려 주며 창의적 표현을 즐김.
자연탐구		
• 생활 속에서 탐구하기	물체의 특성과 변화를 여러 가지 방법으로 탐색한다.	유아들은 젖은 모래는 마른 모래보다 잘 뭉쳐지기도 하지만 모래이기 때문에 잘 부서러진다는 특성을 자연스럽게 탐색함.

이것만은 꼭!!

1. **목표** 아름다움과 예술에 관심을 가지고 창의적 표현을 즐긴다.

1) 자연과 생활 및 예술에서 아름다움을 느낀다.
2) 예술을 통해 창의적으로 표현하는 과정을 즐긴다.
3) 다양한 예술 표현을 존중한다.

2. **내용**

내용 범주	내용
아름다움 찾아보기	자연과 생활에서 아름다움을 느끼고 즐긴다.
	예술적 요소에 관심을 갖고 찾아본다.
창의적으로 표현하기	노래를 즐겨 부른다.
	신체, 사물, 악기로 간단한 소리와 리듬을 만들어 본다.
	신체나 도구를 활용하여 움직임과 춤으로 자유롭게 표현한다.
	다양한 미술 재료와 도구로 자신의 생각과 느낌을 표현한다.
	극놀이로 경험이나 이야기를 표현한다.
예술 감상하기	다양한 예술을 감상하며 상상하기를 즐긴다.
	서로 다른 예술 표현을 존중한다.
	우리나라 전통 예술에 관심을 갖고 친숙해진다.

V 자연탐구

목표

① ⭐⭐하는 ② ⭐⭐⭐을 즐기고, ③ ⭐⭐과 ④ ⭐⭐⭐⭐
살아가는 태도를 가진다.

① 탐구
② 과정
③ 자연
④ 더불어

"얘들아! 여기 꿀벌이 있어."

유아는 호기심이 넘치는 과학자다. 궁금한 것에 대해 답을 찾기 위해 적극적으로 탐색하고 탐구하며 이를 즐긴다. 자연탐구 영역은 유아가 물질, 사물, 자연현상, 동식물 등의 특성과 변화를 수학적, 과학적으로 탐구하는 다양한 경험과 관련된 내용이다. 교사는 유아가 호기심을 가지고 주도적으로 탐구하는 과정을 즐기며, 스스로 궁금증을 해결해 가도록 돕는다. 또한 유아가 주변의 동식물, 생명, 자연환경에 관심을 가지며 생명을 소중히 여기고 사람과 자연이 더불어 살아가는 방법을 실천하도록 지원할 수 있다.

목표 및 내용 범주 이해하기

자연탐구 영역의 목표와 내용 범주는 유아가 호기심을 가지고 궁금한 것을 적극적으로 탐구하는 과정을 즐기며, 생활 속의 문제를 수학적, 과학적으로 탐구해 보면서, 생명과 자연환경을 존중하는 내용으로 구성하였다.

- '탐구과정 즐기기'는 유아가 주변 세계와 자연에 대해 호기심을 가지고 즐겁게 탐색하는 모습을 반영하여 제시하였다.
- '생활 속에서 탐구하기'는 일상의 문제를 수학적, 과학적 방식으로 탐구하는 유아의 경험을 반영한 것이다.
- '자연과 더불어 살기'는 유아가 생명과 자연환경의 소중함을 경험하는 내용으로 새롭게 편성한 것이다. 기존 누리과정에서 사회관계 영역의 세부 내용인 '자연과 자원을 아끼는 습관을 기른다'와 자연탐구 영역의 내용인 '생명체와 자연환경 알아보기'와 '자연현상 알아보기'의 세부 내용들을 종합하여, 지속 가능한 사회를 위한 삶의 태도를 형성하는 내용으로 구성하였다.

'① ★★★★★ ★★★'

유아가 주변 세계와 자연에 대해 지속적으로 호기심을 가지고, 궁금한 것을 탐구하는 과정에 적극적으로 참여하면서 서로 다른 생각에 관심을 갖는 내용이다.

'② ★★★★★ ★★★★★'

유아가 물체의 특성과 변화를 여러 가지 방법으로 탐색하고, 물체를 세어 수량을 알아보고, 물체의 위치와 방향, 모양을 알고 구별하며, 길이와 무게 등의 속성을 비교하고, 반복되는 규칙을 찾아보고, 모은 자료들을 기준에 따라 분류하며, 도구와 기계에 관심을 가지고 생활 속의 문제를 다양하게 탐구하는 내용이다.

'③ ★★★★★ ★★★'

유아가 주변의 동식물에 대해 관심을 가지고, 생명과 자연환경을 소중히 여기며, 날씨와 계절의 변화를 생활과 관련짓는 내용이다.

① 탐구과정 즐기기
② 생활 속에서 탐구하기
③ 자연과 더불어 살기

1. 내용 범주 : 탐구과정 즐기기

가. 목표

일상에서 ① 을 가지고 ②한 하는 ③한 을 즐긴다.

나. 내용

(1) 주변 ①한 와 ②한 에 대해 지속적으로 ③한 을 가진다.

> **내용 이해**
>
> 유아가 물질, 물체, 동식물, 자연현상 등에 호기심을 가지고, 놀이에서 ④한 적으로 궁금한 것을 찾아가거나 표현하는 내용이다.

> **유아 경험의 실제**
>
> 유아들의 모래 구덩이 만들기가 계속되고 있다. 오늘은 유아들이 모래 속으로 물을 붓는다. 한 유아가 "물이 자꾸 없어져."라고 말한다. 옆에 있던 유아들도 함께 "왜 자꾸 없어지지?", "땅을 더 파야 해.", "아니야, 빨리 물을 부어야 해."라고 이야기 나누며 물이 스며드는 것에 호기심을 가진다.

(2) ①한 한 것을 ②한 하는 ③한 에 즐겁게 ④한 한다.

> **내용 이해**
>
> 유아가 궁금한 것을 알아보기 위해 ⑤한 , ⑥한 , ⑦한 , ⑧한 , ⑨한 등의 다양한 탐구과정을 자발적으로 즐기는 내용이다.

(3) ① 탐구
    ② 서로
    ③ 다른

(3) ① ⭐⭐ 과정에서 ② ⭐⭐ ③ ⭐⭐ 생각에 관심을 가진다.

내용 이해

유아가 탐구하는 과정에서 자신의 생각을 또래나 교사와 함께 공유하고, 서로 ③ ⭐⭐ 생각에 관심을 가지는 내용이다.

유아 경험의 실제

어제는 메뚜기를 발견하여 관찰하던 유아들이 오늘은 방아깨비를 이리저리 살펴보며 이야기를 나눈다.

수연 : 방아깨비 발밑이 찐득찐득해. 너도 해 볼래?

가현 : 약간 간지러운데, 찐득해. 풀에 붙으려고 그런가 봐.

규리 : 음... 먹이를 잡아먹으려고 그런 거야.

수연 : 이거 봐. 찐득한 발로 내 손을 잡으려고 하는 것 같아.

2. 내용 범주 : 생활 속에서 탐구하기

가. 목표

생활 속의 ①⭐⭐를 ②⭐⭐⭐, ③⭐⭐⭐으로 ④⭐⭐한다.

나. 내용

(1) 물체의 ①⭐⭐과 ②⭐⭐를 여러 가지 방법으로 ③⭐⭐한다.

> **내용 이해**
>
> 유아가 주변에서 쉽게 발견할 수 있는 친숙한 물체나 물질의 ④⭐⭐, 모양, ⑤⭐, 냄새, ⑥⭐⭐, 질감과 같은 기본적 ①⭐⭐에 관심을 갖는 내용이다. 나아가 그 물체나 물질을 자르고 섞는 등 다양한 방법으로 ⑦⭐⭐시켜 보며, 변화되는 특성과 변화되지 않는 특성이 무엇인지 ③⭐⭐해 보는 내용이다.

> **유아 경험의 실제**
>
> 우리밀 과자를 만드는 과정에서 유아들은 버터와 계란, 밀가루를 숟가락으로 휘저으며 놀라운 표정으로 말한다. "어? 이것 봐! 반죽이 점점 갈색으로 변하고 있어.", "색깔이 진하게 변한다.", "점점 찐득찐득해지고 있어.", "섞는 게 힘들어. 이제 네가 해 봐."

① 문제
② 수학적
③ 과학적
④ 탐구

(1) ① 특성
② 변화
③ 탐색
④ 크기
⑤ 색
⑥ 소리
⑦ 변화

(2) ① 세어
    ② 수량
(3) ① 위치
    ② 방향
    ③ 모양
    ④ 구별
    ⑤ 공통점
    ⑥ 차이점

(2) 물체를 ① ⭐⭐ ② ⭐⭐을 알아본다.

내용 이해

유아가 일상에서 수에 관심을 가지고, ② ⭐⭐ 을 세어 많고 적음 및 수량의 변화를 알아보는 내용이다.

유아 경험의 실제

유아들이 모여 하고 싶은 놀이에 대해 자유롭게 이야기를 나누고 있다.

민지 : 야, 우리 같이 놀자. 뭐할까?

현우 : 나는 술래잡기.

민지 : 나는 꼬마야 줄넘기 할래.

현우 : 우리 손들어서 정하자. 술래잡기하고 싶은 사람 손! … 한 명, 두 명, 세 명. 그러면 줄넘기하고 싶은 사람 손!

민지 : 똑같잖아. 술래잡기도 3명이고, 줄넘기도 3명이잖아.

---

(3) 물체의 ① ⭐⭐ 와 ② ⭐⭐, ③ ⭐⭐ 을 알고 ④ ⭐⭐ 한다.

내용 이해

유아가 자신과 물체를 기준으로 앞, 뒤, 옆, 위, 아래 등 공간 안에서 ① ⭐⭐ 와 ② ⭐⭐ 을 알아가는 내용이다. 유아가 주변 환경에서 네모나 세모, 둥근 기둥, 상자 모양 등을 찾고 다양한 모양에서 ⑤ ⭐⭐⭐ 과 ⑥ ⭐⭐⭐ 을 알아가는 내용이다.

유아 경험의 실제

유아들이 숨바꼭질을 한다. 한 유아가 "선생님, 쉿! 나 여기 밑에 숨어 있다고 말하면 안 돼요."라고 말하곤 미끄럼틀을 올라가는 계단 아래쪽으로 들어가 숨는다. "내 앞에 계단이 있으니까 친구들에게 난 잘 안 들키겠지? 하하."라고 혼잣말을 하며 웃는다.

---

(4) 일상에서 ① ⭐⭐, ② ⭐⭐ 등의 속성을 ③ ⭐⭐ 한다.

내용 이해

유아가 일상에서 ① ⭐⭐ 나 ② ⭐⭐ 등 ④ ⭐⭐ 가능한 속성을 알고, 이 속성을 기준으로 물체를 ③ ⭐⭐ 하여 순서 지어 보는 내용이다. 이 과정에서 유아는 자신의 신체를 비롯하여 다양한 물체를 활용하고, 다양한 ③ ⭐⭐ 어휘를 사용하면서 ⑤ ⭐⭐ 를 지어 보는 내용이다.

유아 경험의 실제

복도에서 5세 수진이가 3세 승우와 4세 민석이를 만난다. 수진이가 "내가 키 재 줄게. 너희 둘이 여기에 서 봐."라고 말한다. 승우와 민석이가 등을 마주 대고 서자 수진이는 "니가 좀 더 큰데. 내가 누가 무거운지도 봐 줄게." 하며 두 유아를 차례로 뒤에서 두 팔로 안고 들어 올린다. 수진이는 "너보다 얘가 좀 더 무거워." 하며 웃는다.

(5) 주변에서 ① ⭐⭐ 되는 ② ⭐⭐ 을 찾는다.

내용 이해

유아가 생활 주변에서 사물이나 사건의 양상이 일정한 순서로 반복 배열 되는 것에 관심을 갖고 즐기며, 반복되는 배열에 숨어 있는 ③ ⭐⭐ 와 ② ⭐⭐ 을 발견하여 다음에 올 것이 무엇인지를 ④ ⭐⭐ 하는 내용이다.

정답

(4) ① 길이
② 무게
③ 비교
④ 측정
⑤ 순서
(5) ① 반복
② 규칙
③ 질서
④ 예측

(6) ① 자료
② 기준
③ 분류
④ 공통점
⑤ 차이점
(7) ① 도구
② 기계
③ 관심
④ 도움

(6) 일상에서 모은 ① ⭐⭐ 를 ② ⭐⭐ 에 따라 ③ ⭐⭐ 한다.

내용 이해

유아가 일상생활에서 흥미와 관심에 따라 필요한 자료를 다양한 방법으로 모으고, 수집한 자료의 ④ ⭐⭐⭐ 과 ⑤ ⭐⭐⭐ 을 탐색하며. 이를 하나 또는 그 이상의 다양한 ② ⭐⭐ (예 : 모양, 크기, 색깔 등)에 따라 정리하고 조직해 보는 내용이다.

유아 경험의 실제

바깥 놀이터에서 유아가 친구들에게 "우리 이 열매 모으자. 개미는 이걸 좋아하거든." 하며 제안하자, 유아들이 "여기 많다."라고 말하며 바닥에 떨어진 작은 열매를 줍기 시작한다. 한 유아가 솔방울을 내밀자, "아니야. 솔방울은 너무 커, 좀 작은 게 필요해. 동그랗게 이거랑 똑같이 생긴 것만." 하고 말한다. 잠시 후 유아들이 주운 열매를 모으고, "이것 봐, 진짜 다 똑같은 열매다.", "그런데 여기 빨간 건 잘 익은 건가?", "내일 오면 개미가 빨갛게 익은 건 다 먹었겠지?"라고 말하며 빨간 열매와 초록 열매를 골라낸다.

(7) ① ⭐⭐ 와 ② ⭐⭐ 에 대해 ③ ⭐⭐ 을 가진다.

내용 이해

유아가 일상생활에서 사용하는 다양한 ① ⭐⭐ 와 ② ⭐⭐ 에 관심을 가지고 직접 사용해 보면서, 도구와 기계가 우리의 생활에 어떠한 ④ ⭐⭐ 을 주는지에 대해 관심을 가지는 내용이다.

유아 경험의 실제

유아들이 선생님과 함께 콩나물무침 요리를 하고 있다. 작은 절구를 보던 한 유아가 "와! 맷돌이다."라고 말하자, 다른 유아들이 "저건 콩콩 찧는 거야.", "맷돌이 아니고...?" 하며 선생님을 쳐다본다. 선생님은 "이건 절구인데."라고 말하자, 유아들이 "오늘 콩나물 무침에 쓰려고요?" 하고 묻는다. 선생님은 "그래. 이걸로 깨소금을 만들어 볼까?"라고 말하며 절구 안에 깨를 넣는다.

3. 내용 범주 : 자연과 더불어 살기

가. 목표

①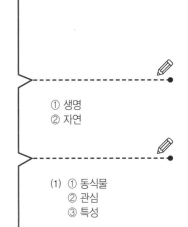과 ②██을 존중한다.

① 생명
② 자연

나. 내용

(1) 주변의 ①███에 ②██을 가진다.

(1) ① 동식물
    ② 관심
    ③ 특성

> **내용 이해**
>
> 유아가 등·하원, 산책, 바깥 놀이터, 교실에서 접할 수 있는 ①███을 관찰하거나 직접 길러 보면서, ①███의 ③██에 관심을 가지고 탐구하는 내용이다.

> **유아 경험의 실제**
>
> 성민 : 저, 도토리 엄청 주웠어요.
>
> 교사 : 벌써 도토리가 떨어져 있었어?
>
> 성민 : 네. 다람쥐들이 도토리를 많이 먹으라고 조금만 주웠어요.
>
> ***
>
> 유아가 개미를 발견하고 모두 놀란다. "야 개미다.", "여기 봐.", "으~악", "무서운 거 아니야." 한 유아가 "열매 같은 걸 가져가나 봐. 무겁겠다.", "배가 고픈가 봐.", "어디로 가지?", "밟지 마."라고 이야기하며 개미가 지나갈 수 있도록 몸을 옆으로 비키며 개미를 쳐다본다.

(2) ① 생명
    ② 자연환경
    ③ 소중히
    ④ 환경
(3) ① 날씨
    ② 계절
    ③ 변화
    ④ 관련
    ⑤ 대처

(2) ① ⭐⭐과 ② ⭐⭐⭐⭐을 ③ ⭐⭐⭐ 여긴다.

내용 이해

유아가 동식물뿐만 아니라 동식물이 살아가기에 좋은 ④ ⭐⭐에 대해 관심을 가지고, 이들을 생명체로서 ③ ⭐⭐⭐ 여기는 내용이다.

유아 경험의 실제

성민 : 저, 도토리 엄청 주웠어요.

교사 : 벌써 도토리가 떨어져 있었어?

성민 : 네. 다람쥐들이 도토리를 많이 먹으라고 조금만 주웠어요.

교사 : 어머! 네가 주워온 도토리를 보니까 정말 가을이 온 걸 알겠구나. 네 말대로 다람쥐들은 맛있는 도토리를 먹는 가을이라서 신나겠다.

성민 : 저는요. 가을이 제일 좋아요.

교사 : 아~ 그렇구나. 왜?

성민 : 가을은 진짜 시원하잖아요. 난 더운 날씨가 싫어요.

(3) ① ⭐⭐와 ② ⭐⭐의 ③ ⭐⭐를 생활과 ④ ⭐⭐짓는다.

내용 이해

유아가 낮과 밤, 날씨, 계절의 변화를 느끼고, 자연의 변화가 자신의 옷차림, 놀이 등 일상생활에 영향을 준다는 것을 이해하고 적절하게 ⑤ ⭐⭐하는 내용이다.

유아 경험의 실제

성민 : 저는요. 가을이 제일 좋아요.

교사 : 아~ 그렇구나. 왜?

성민 : 가을은 진짜 시원하잖아요. 난 더운 날씨가 싫어요.

〈자연탐구 영역의 통합적 이해〉

꿀벌처럼

첫 번째 날
유아들은 바깥 놀이터에서 바닥에 힘없이 널브러져 있는 벌을 발견한다. **"아! 여기 벌이 있어. 죽었나 봐!"** 유아의 외침에 화단에서 곤충을 찾던 유아들이 모여든다. 그때, 죽은 듯이 움직이지 않던 벌이 바르르 떨며 꿈틀거린다. 유아들은 **"으악! 도망쳐!"**라고 말하며 벌떡 일어나 사방으로 흩어져 달아난다.

두 번째 날
유아는 선생님에게 「꿀벌나무」 그림책을 읽어달라고 한다. 유아들이 선생님 주위로 모여든다. 그림책을 읽은 뒤, 유아는 **"꿀벌들은 말도 못하는데, 어떻게 그렇게 집으로 잘 돌아가요?"** 하고 호기심을 가진다. 선생님은 **"사람은 목소리로 이야기를 하는데 꿀벌은 어떻게 말을 할까?"**라고 묻자 유아는 **"엉덩이로 말해요."** 하며 엉덩이를 좌우로 흔든다. 선생님도 **"이렇게?"** 하며 유아를 따라 몸을 움직인다. 선생님은 점심 식사 시간에 〈꿀벌의 여행〉 동요를 들려준다. 유아들은 밥을 먹으며 제자리에서 엉덩이를 흔들며 까르르 웃는다.

세 번째 날
오전에 선생님은 〈꿀벌의 여행〉 동요를 다시 들려준다. 유아들은 꿀벌처럼 두 팔을 벌려 날갯짓하며 친구의 옷, 사진, 화초, 꽃무늬, 창문에 전시한 압화, 선생님의 물병 등에서 꽃을 찾는다. 이제 교실에서는 더 이상 꽃을 찾기 어려워지자 유아가 교사에게 말한다.

유아 　선생님. 꿀벌은 꽃이 있어야 돼요. 붕붕이가 배고파서 꿀을 먹어야 돼요.
교사 　그럼 어떻게 하면 좋을까?
유아 　우리가 꽃을 그려 줘요.

유아들은 미술 영역으로 가서, 제 나름대로 꽃을 그리고 색을 칠하고 오리고 수수깡을 붙여 꽃자루도 만든다. 선생님은 유아들이 꽃을 만드는 동안 꿀벌을 그리고 오려서 수수깡을 붙인다. 선생님은 벌을 유아들의 꽃에 살포시 얹어 꿀을 빨아먹는 시늉을 하며 함께 놀이한다.
과학 영역에서 자석 놀이를 하고 있던 유아가 **"이거 재미있는데."** 하며 놀이에 참여한다. 은호와 지율이는 **"꿀을 많이 먹어서 이젠 좀 쉬어야겠다. 히히."** 하며 교실 바닥에 드러눕는다.

유아들은 선생님께 **"선생님, 밖에 나가요. 밖에는 꽃이 많아요."** 하며 큰 소리로 요청한다. 선생님은 **"그래. 이따 점심 먹고 나가 보자. 꿀벌은 꽃을 많이 먹어서 배부르겠다. 너희도 맛있게 점심 먹으렴."** 하며 즐겁게 유아들의 제안을 받아들인다.

오후 바깥 놀이터에서, 유아들은 꽃을 찾기보다는 개미, 공벌레, 송충이 등 곤충들을 찾아다닌다.
지율이의 자전거 짐칸 바구니에는 공벌레 몇 마리가 기어다니고 있다. 유아는 **"공벌레한테 자전거 태워 줄 거예요."** 하며 자전거를 타고 힘차게 달린다.

네 번째 날

교사는 유아들이 꿀벌에 많은 관심과 흥미가 있다는 것을 이해하여, 유아들의 흥미를 재미있게 지속시키고 싶었다. 그래서 교사는 꿀벌 머리띠도 만들고 꿀벌 날개도 만들 계획을 한다. 그러나 교사는 여러 가지 고민 끝에 꿀벌 머리띠와 꿀벌 날개를 구입하기로 하고, 유아들과는 꿀벌 날개가 햇빛에 비칠 때 반짝거리는 느낌을 꾸미는 활동을 하는 것으로 계획을 변경한다.

교사는 꿀벌 머리띠와 꿀벌 날개를 어떻게 유아들에게 전달하고 소개해야 꿀벌 활동이 놀이처럼 보다 즐겁고 재미있게 지속될 수 있을지 고민한다.

교사	(택배 상자를 보여 주며) 얘들아, 우리가 꿀벌을 좋아한다고 붕붕이가 꿀벌 머리띠를 선물해 줬어.
유아들	와! 붕붕이가 우리한테 선물해 줬대. 붕붕아 고마워.
교사	우리 붕붕이에게 고맙다고 인사해야 하는데, 어떻게 인사를 하지?
유아	엉덩이춤으로 말해 줘요.

유아들은 선생님과 함께 창문 밖에 꿀벌이 있는 듯, 꿀벌을 향해 엉덩이를 흔들어 준다.

유아들과 선생님은 꿀벌 머리띠와 날개를 달고 바깥 놀이터로 나가 벌을 찾으러 다니기도 하고, 흙을 파고 지렁이와 개미, 공벌레를 찾아 탐색하기도 하고, 손으로 잡아 자전거 짐칸 바구니에 넣고 달리며 놀이한다.

다섯 번째 날

바깥 놀이터 미끄럼틀 근처에 피어 있는 노란 민들레꽃 위에 벌이 내려앉았다. 벌은 민들레꽃 위에서 방향을 바꾸며 엉덩이를 흔든다. 유아들은 꿀벌이 빨아먹고 있는 꿀맛에 대해 이야기를 나누며 벌을 관찰한다. 그리고 민들레 옆에서 기어가고 있는 송충이를 발견하고 서로 이야기를 주고받으며 오랫동안 관찰한다.

여섯 번째 날

오전 시간, 유아는 곤충 그림책을 읽는다. 그림책에는 육각형으로 표현된 벌집 그림이 있다. 유아는 선생님에게 벌집에 관해 묻는다. 유아들과 선생님은 벌과 벌집에 대한 영상을 감상한 뒤 벌집을 만들기로 한다.

일곱 번째 날

오늘도 유아들은 꿀벌 머리띠와 꿀벌 날개를 달고 교실의 이곳저곳에 있는 꽃, 꽃을 닮은 무늬를 찾아다니며 놀이한다. 유아가 갑자기 놀이를 멈추고 미술 영역으로 가더니, A4용지, 가위, 투명 테이프를 활용하여 벌의 '침'을 만들어 자기 엉덩이에 붙여 달라고 한다.

〈5개 영역의 통합적 이해〉

• 빈칸에 들어갈 내용을 써 봅시다.

신체운동 · 건강		
• 신체활동 즐기기	신체 움직임을 조절한다.	유아들은 개미나 공벌레를 잡을 때 손가락 힘을 조절하며, 미술 활동의 결과물인 꿀벌 집에서 발꿈치를 들고 다니고 몸을 웅크리며 움직임을 조절함.
	기초적인 이동운동, 제자리운동, 도구를 이용한 운동을 한다.	유아들은 벌을 찾아 걷기도 하고 달려가기도 함. 벌을 탐색할 때는 가만히 멈춰 서고, 벌을 따라 옆으로 움직임.
의사소통		
• 듣기와 말하기	말이나 이야기를 관심 있게 듣는다.	유아들은 벌을 발견한 친구의 외침과 친구들이 하는 벌에 대한 이야기를 관심 있게 들음.
	상대방이 하는 이야기를 듣고 관련해서 말한다.	유아들은 친구들이 하는 말을 듣고 관련해서 말함.
• 책과 이야기 즐기기	책에 관심을 가지고 상상하기를 즐긴다.	유아들은 곤충도감을 보며 꿀벌 집과 꿀벌의 천적에 대해 알게 됨. 유아들은 벌과 관련된 그림책을 선생님에게 읽어 달라고 요청함. 유아들은 그림책의 내용을 즐겁게 상상하며 엉덩이춤을 춤.
사회관계		
• 더불어 생활하기	서로 다른 감정, 생각, 행동을 존중한다.	유아들은 벌에 대한 친구의 생각과 행동을 잘 들으며, 꿀벌처럼 날갯짓하거나 꿀을 먹는 흉내 내는 것을 함께 즐거워함.
	친구와 어른께 예의 바르게 행동한다.	유아들은 친구와 달리 교사에게 말을 할 때 존칭어를 사용하며 예의 바른 행동을 함.
예술경험		
• 창의적으로 표현하기	신체나 도구를 활용하여 움직임과 춤으로 자유롭게 표현한다.	유아들은 꿀벌 머리띠와 꿀벌 날개를 활용하여 꿀벌 날갯짓을 하고 엉덩이를 흔들며 꿀벌 춤을 춤.
	다양한 미술재료와 도구로 자신의 생각과 느낌을 표현한다.	유아들은 다양한 재료를 활용하여 꽃 그리기, 꿀벌 날개 꾸미기, 꿀벌 집 만들기 등을 하고 나아가 꿀벌 침을 창의적으로 표현하는 과정을 즐김.

① 주변 세계와 자연에 대해 지속적으로 호기심을 가진다.
② 궁금한 것을 탐구하는 과정에 즐겁게 참여한다.
③ 탐구과정에서 서로 다른 생각에 관심을 가진다.
④ 물체를 세어 수량을 알아본다.
⑤ 물체의 위치와 방향, 모양을 알고 구별한다.
⑥ 주변의 동식물에 관심을 가진다.
⑦ 생명과 자연환경을 소중히 여긴다.

자연탐구		
• 탐구과정 즐기기	①	죽은 벌과 살아 있는 꿀벌에 관심을 가지고, 이후 지속적으로 벌이 사는 집, 벌의 말과 움직임 등에 호기심을 가지며 그것을 알아보는 과정에 즐겁게 참여함.
	②	
	③	유아들은 친구들, 선생님, 그림책, 곤충도감 등에서 벌에 대한 정보를 얻고, 서로 다른 사람의 생각을 들으며 관심을 가짐.
• 생활 속에서 탐구하기	④	유아들은 벌집 모양을 그리며 수를 세거나, 벌집의 8각형 모양을 알고 다른 모양과 다름을 구별하는 경험을 함.
	⑤	
• 자연과 더불어 살기	⑥	유아들은 개미, 공벌레, 노린재 등을 찾으러 다님. 누군가 "찾았다!" 하고 외치면 그곳으로 달려가 한참 동안 지켜봄.
	⑦	꿀벌을 친구로 여기고 소중하게 생각함. 꿀벌을 잡지 않고 날아가게 함.

이것만은 꼭!!

1. 목표 탐구하는 과정을 즐기고, 자연과 더불어 살아가는 태도를 가진다.

1) 일상에서 호기심을 가지고 탐구하는 과정을 즐긴다.
2) 생활 속의 문제를 수학적, 과학적으로 탐구한다.
3) 생명과 자연을 존중한다.

2. 내용

내용 범주	내용
탐구과정 즐기기	주변 세계와 자연에 대해 지속적으로 호기심을 가진다.
	궁금한 것을 탐구하는 과정에 즐겁게 참여한다.
	탐구과정에서 서로 다른 생각에 관심을 가진다.
생활 속에서 탐구하기	물체의 특성과 변화를 여러 가지 방법으로 탐색한다.
	물체를 세어 수량을 알아본다.
	물체의 위치와 방향, 모양을 알고 구별한다.
	일상에서 길이, 무게 등의 속성을 비교한다.
	주변에서 반복되는 규칙을 찾는다.
	일상에서 모은 자료를 기준에 따라 분류한다.
	도구와 기계에 대해 관심을 가진다.
자연과 더불어 살기	주변의 동식물에 관심을 가진다.
	생명과 자연환경을 소중히 여긴다.
	날씨와 계절의 변화를 생활과 관련짓는다.

「2019 개정 누리과정」 고시문

누리과정의 성격

누리과정은 3~5세 유아를 위한 국가 수준의 공통 교육과정이다.

가. 국가 수준의 공통성과 지역, 기관 및 개인 수준의 다양성을 동시에 추구한다.
나. 유아의 전인적 발달과 행복을 추구한다.
다. 유아 중심과 놀이 중심을 추구한다.
라. 유아의 자율성과 창의성 신장을 추구한다.
마. 유아, 교사, 원장(감), 학부모 및 지역사회가 함께 실현해 가는 것을 추구한다.

누리과정의 성격

누리과정은 ⭐~⭐세 유아를 위한 ⭐⭐ 수준의 ⭐⭐ 교육과정이다.

가. ⭐⭐ 수준의 ⭐⭐⭐⭐과 ⭐⭐, ⭐⭐ 및 ⭐⭐ 수준의 ⭐⭐⭐을 ⭐⭐에 추구한다.

나. 유아의 ⭐⭐⭐ ⭐⭐과 ⭐⭐을 추구한다.

다. ⭐⭐ 중심과 ⭐⭐ 중심을 추구한다.

라. 유아의 ⭐⭐⭐과 ⭐⭐⭐ 신장을 추구한다.

마. ⭐⭐, ⭐⭐, ⭐⭐(감), ⭐⭐⭐ 및 ⭐⭐⭐⭐가 ⭐⭐ 실현해 가는 것을 추구한다.

① 총론

I 누리과정의 구성 방향

가. 건강한 사람
나. 자주적인 사람
다. 창의적인 사람
라. 감성이 풍부한 사람
마. 더불어 사는 사람

1. 추구하는 인간상

누리과정이 추구하는 인간상은 다음과 같다.

가. ⭐⭐한 사람

나. ⭐⭐⭐인 사람

다. ⭐⭐⭐인 사람

라. ⭐⭐이 ⭐⭐한 사람

마. ⭐⭐⭐ 사는 사람

2. 목적과 목표

누리과정의 ⭐⭐ 은 유아가 ⭐⭐ 를 통해 심신의 ⭐⭐ 과 ⭐⭐ 로운 ⭐⭐ 을 이루고 ⭐⭐ 과 ⭐⭐⭐ 의 ⭐⭐ 를 형성하는 데에 있다.

이를 실현하기 위한 ⭐⭐ 는 다음과 같다.

가. 자신의 ⭐⭐⭐ 을 알고, ⭐⭐ 하고 ⭐⭐ 한 생활 ⭐⭐ 을 기른다.

나. 자신의 일을 ⭐⭐⭐ 해결하는 ⭐⭐⭐⭐ 을 기른다.

다. ⭐⭐⭐ 과 ⭐⭐⭐ 을 가지고 ⭐⭐⭐ 과 ⭐⭐⭐ 을 기른다.

라. 일상에서 ⭐⭐⭐⭐ 을 느끼고 ⭐⭐⭐⭐ 을 기른다.

마. ⭐⭐ 과 ⭐⭐ 을 ⭐⭐ 하고 ⭐⭐ 하며 ⭐⭐ 하는 태도를 기른다.

누리과정의 **목적**은 유아가 놀이를 통해 심신의 건강과 조화로운 발달을 이루고 바른 인성과 민주 시민의 기초를 형성하는 데에 있다.
이를 실현하기 위한 **목표**는 다음과 같다.
가. 자신의 소중함을 알고, 건강하고 안전한 생활 습관을 기른다.
나. 자신의 일을 스스로 해결하는 기초능력을 기른다.
다. 호기심과 탐구심을 가지고 상상력과 창의력을 기른다.
라. 일상에서 아름다움을 느끼고 문화적 감수성을 기른다.
마. 사람과 자연을 존중하고 배려하며 소통하는 태도를 기른다.

3. 구성의 중점

누리과정 구성의 중점은 다음과 같다.

가. ⭐~⭐ 세 ⭐⭐ 유아에게 ⭐⭐ 할 수 있도록 구성한다.

나. ⭐⭐⭐⭐⭐ 구현을 위한 ⭐⭐, ⭐⭐, ⭐⭐ 및 ⭐⭐ 를 반영하여 구성한다.

다. ⭐⭐⭐⭐·⭐⭐, ⭐⭐⭐, ⭐⭐⭐⭐, ⭐⭐⭐⭐, ⭐⭐⭐ 의 5개 영역을 중심으로 구성한다.

라. ⭐~⭐ 세 유아가 ⭐⭐ 해야 할 내용으로 구성한다.

마. ⭐~⭐ 세 ⭐⭐ 과정 및 ⭐⭐⭐⭐ 교육과정과의 ⭐⭐⭐ 을 고려하여 구성한다.

가. 3~5세 모든 유아에게 적용할 수 있도록 구성한다.
나. 추구하는 인간상 구현을 위한 지식, 기능, 태도 및 가치를 반영하여 구성한다.
다. 신체운동·건강, 의사소통, 사회관계, 예술경험, 자연탐구의 5개 영역을 중심으로 구성한다.
라. 3~5세 유아가 경험해야 할 내용으로 구성한다.
마. 0~2세 보육과정 및 초등학교 교육과정과의 연계성을 고려하여 구성한다.

Ⅱ 누리과정의 운영

1. 편성·운영

다음의 사항에 따라 누리과정을 ★★·★★한다.

가. 1일 ★~★시간을 기준으로 편성한다.

나. 일과 ★★에 따라 ★★하여 편성할 수 있다.

다. 누리과정을 바탕으로 각 ★★의 ★★에 ★★한 ★★을 수립하여 운영한다.

라. 하루 일과에서 ★★ ★★를 포함하여 유아의 ★★가 ★★히 이루어지도록 편성하여 운영한다.

마. ★, 신체적 ★★, ★★, ★★, ★★ 및 문화적 ★★ 등으로 인한 ★★이 없도록 편성하여 운영한다.

바. 유아의 ★★과 ★★ 정도에 따라 ★★하여 운영한다.

사. ★★과 ★★★★와의 ★★과 ★★에 기반하여 운영한다.

아. ★★ ★★를 통해 누리과정의 ★★이 ★★되도록 한다.

2. 교수·학습

교사는 다음 사항에 따라 유아를 ★★한다.

가. 유아가 ★★와 ★★에 따라 놀이에 ★★롭게 ★★하고 ★★★★한다.

나. 유아가 ★★를 통해 ★★★★ 한다.

다. 유아가 다양한 ★★와 ★★을 ★★할 수 있도록 ★★★★ ★★을 구성한다.

라. 유아와 ★★, 유아와 ★★, 유아와 ★★ 간에 ★★★인 ★★★★이 이루어지도록 한다.

다음의 사항에 따라 누리과정을 편성·운영한다.

가. 1일 4~5시간을 기준으로 편성한다.
나. 일과 운영에 따라 확장하여 편성할 수 있다.
다. 누리과정을 바탕으로 각 기관의 실정에 적합한 계획을 수립하여 운영한다.
라. 하루 일과에서 바깥 놀이를 포함하여 유아의 놀이가 충분히 이루어지도록 편성하여 운영한다.
마. 성, 신체적 특성, 장애, 종교, 가족 및 문화적 배경 등으로 인한 차별이 없도록 편성하여 운영한다.
바. 유아의 발달과 장애 정도에 따라 조정하여 운영한다.
사. 가정과 지역사회와의 협력과 참여에 기반하여 운영한다.
아. 교사 연수를 통해 누리과정의 운영이 개선되도록 한다.

교사는 다음 사항에 따라 유아를 지원한다.

가. 유아가 흥미와 관심에 따라 놀이에 자유롭게 참여하고 즐기도록 한다.
나. 유아가 놀이를 통해 배우도록 한다.
다. 유아가 다양한 놀이와 활동을 경험할 수 있도록 실내외 환경을 구성한다.
라. 유아와 유아, 유아와 교사, 유아와 환경 간에 능동적인 상호작용이 이루어지도록 한다.

마. 5개 영역의 내용이 적으로 유아의 ⭐⭐과 ⭐⭐되도록 한다.

바. 개별 유아의 ⭐⭐에 따라 ⭐⭐과 ⭐⭐⭐⭐이 ⭐⭐⭐ 이루어지도록 한다.

사. 유아의 ⭐⭐, ⭐⭐, ⭐⭐, ⭐⭐ 등을 고려하여 ⭐⭐ 특성에 ⭐⭐한 방식으로 배우도록 한다.

3. 평가

평가는 다음 사항에 중점을 두고 실시한다.

가. 누리과정 운영의 ⭐⭐을 ⭐⭐하고 ⭐⭐하기 위해 평가를 계획하고 실시한다.

나. 유아의 ⭐⭐ 및 ⭐⭐ 정도와 누리과정의 ⭐⭐을 평가한다.

다. 평가의 ⭐⭐에 따라 ⭐⭐한 방법을 사용하여 평가한다.

라. 평가의 ⭐⭐는 유아에 대한 ⭐⭐와 누리과정 ⭐⭐ ⭐⭐을 위한 ⭐⭐로 활용할 수 있다.

② 영역별 목표 및 내용

I 신체운동·건강

1. 목표

⭐⭐⭐에서 ⭐⭐⭐⭐을 ⭐⭐⭐, ⭐⭐하고 ⭐⭐한 ⭐⭐을 한다.

1) ⭐⭐⭐에 ⭐⭐⭐ 참여한다.
2) ⭐⭐한 ⭐⭐⭐⭐을 기른다.
3) ⭐⭐한 ⭐⭐⭐⭐을 기른다.

2. 내용

내용 범주	내용
신체활동 즐기기	신체를 ⭐⭐하고 움직인다.
	신체 ⭐⭐⭐을 ⭐⭐한다.
	기초적인 ⭐⭐⭐⭐, ⭐⭐⭐⭐⭐, ⭐⭐를 ⭐⭐한 ⭐⭐을 한다.
	실내외 ⭐⭐⭐⭐에 ⭐⭐적으로 참여한다.
건강하게 생활하기	자신의 ⭐과 ⭐⭐을 ⭐⭐⭐ 한다.
	몸에 ⭐⭐⭐에 관심을 가지고 ⭐⭐ ⭐⭐로 즐겁게 먹는다.
	하루 일과에서 ⭐⭐⭐⭐을 취한다.
	⭐⭐을 ⭐⭐하는 ⭐⭐을 알고 실천한다.
안전하게 생활하기	일상에서 ⭐⭐하게 ⭐⭐하고 ⭐⭐한다.
	⭐⭐, ⭐⭐⭐, ⭐⭐⭐ 등을 ⭐⭐⭐ 사용한다.
	⭐⭐⭐⭐⭐을 지킨다.
	⭐⭐⭐, ⭐⭐, ⭐⭐, ⭐⭐, ⭐⭐⭐ 등에 ⭐⭐하는 ⭐⭐을 경험한다.

Ⅱ 의사소통

1. 목표

⭐⭐⭐⭐에 필요한 ⭐⭐⭐⭐ ⭐⭐과 ⭐⭐⭐을 기른다.

1) 일상생활에서 ⭐⭐ ⭐⭐⭐를 즐긴다.
2) ⭐⭐와 ⭐⭐에 ⭐⭐을 가진다.
3) ⭐이나 ⭐⭐⭐를 통해 ⭐⭐하기를 즐긴다.

일상생활에 필요한 의사소통 능력과 상상력을 기른다.

1) 일상생활에서 듣고 말하기를 즐긴다.
2) 읽기와 쓰기에 관심을 가진다.
3) 책이나 이야기를 통해 상상하기를 즐긴다.

2. 내용

내용 범주	내용
듣기와 말하기	⭐이나 ⭐⭐⭐를 ⭐⭐ 있게 듣는다.
	자신의 ⭐⭐, ⭐⭐, ⭐⭐을 말한다.
	⭐⭐에 ⭐⭐한 ⭐⭐를 사용하여 말한다.
	⭐⭐⭐이 하는 ⭐⭐⭐를 듣고 ⭐⭐해서 말한다.
	⭐⭐⭐로 듣고 말한다.
	⭐⭐ ⭐을 사용한다.
읽기와 쓰기에 관심 가지기	⭐과 ⭐의 ⭐⭐에 ⭐⭐을 가진다.
	주변의 ⭐⭐, ⭐⭐ 등의 ⭐⭐에 관심을 가진다.
	자신의 ⭐⭐을 ⭐⭐와 비슷한 ⭐⭐로 ⭐⭐한다.
책과 이야기 즐기기	⭐에 ⭐⭐을 가지고 ⭐⭐하기를 즐긴다.
	⭐⭐, ⭐⭐에서 말의 ⭐⭐를 느낀다.
	⭐⭐⭐와 ⭐⭐⭐ ⭐⭐를 즐긴다.

말이나 이야기를 관심 있게 듣는다.
자신의 경험, 느낌, 생각을 말한다.
상황에 적절한 단어를 사용하여 말한다.
상대방이 하는 이야기를 듣고 관련해서 말한다.
바른 태도로 듣고 말한다.
고운 말을 사용한다.

말과 글의 관계에 관심을 가진다.
주변의 상징, 글자 등의 읽기에 관심을 가진다.
자신의 생각을 글자와 비슷한 형태로 표현한다.

책에 관심을 가지고 상상하기를 즐긴다.
동화, 동시에서 말의 재미를 느낀다.
말놀이와 이야기 짓기를 즐긴다.

Ⅲ 사회관계

자신을 존중하고 더불어 생활
하는 태도를 가진다.
1) 자신을 이해하고 존중한다.
2) 다른 사람과 사이좋게 지낸
다.
3) 우리가 사는 사회와 다양한
문화에 관심을 가진다.

나를 알고 소중히 여긴다.
나의 감정을 알고 상황에 맞게
표현한다.
내가 할 수 있는 것을 스스로
한다.

가족의 의미를 알고 화목하게
지낸다.
친구와 서로 도우며 사이좋게
지낸다.
친구와의 갈등을 긍정적인 방
법으로 해결한다.
서로 다른 감정. 생각. 행동을
존중한다.
친구와 어른께 예의 바르게 행
동한다.
약속과 규칙의 필요성을 알고
지킨다.

내가 살고 있는 곳에 대해 궁금
한 것을 알아본다.
우리나라에 대해 자부심을 가
진다.
다양한 문화에 관심을 가진다.

1. 목표

자신을 ⭐⭐하고 ⭐⭐⭐⭐⭐하는 태도를 가진다.

1) 자신을 ⭐⭐하고 ⭐⭐한다.
2) 다른 사람과 ⭐⭐⭐⭐ 지낸다.
3) 우리가 사는 ⭐⭐와 ⭐⭐⭐⭐⭐에 ⭐⭐을 가진다.

2. 내용

내용 범주	내용
나를 알고 존중하기	나를 ⭐⭐ ⭐⭐ 여긴다.
	나의 ⭐⭐을 알고 ⭐⭐에 맞게 ⭐⭐한다.
	내가 할 수 있는 것을 ⭐⭐⭐ 한다.
더불어 생활하기	⭐⭐의 의미를 알고 ⭐⭐하게 지낸다.
	⭐⭐와 서로 ⭐⭐⭐⭐ ⭐⭐⭐⭐ 지낸다.
	⭐⭐와의 ⭐⭐을 ⭐⭐적인 방법으로 ⭐⭐한다.
	서로 다른 ⭐⭐. ⭐⭐. ⭐⭐을 ⭐⭐한다.
	친구와 어른께 ⭐⭐ 바르게 ⭐⭐한다.
	⭐⭐과 ⭐⭐의 ⭐⭐⭐을 알고 지킨다.
사회에 관심 가지기	내가 ⭐⭐ 있는 ⭐에 대해 ⭐⭐한 것을 알아본다.
	⭐⭐⭐⭐에 대해 ⭐⭐⭐을 가진다.
	⭐⭐한 ⭐⭐에 ⭐⭐을 가진다.

Ⅳ 예술경험

1. 목표

⭐⭐⭐⭐과 ⭐⭐에 ⭐⭐을 가지고 ⭐⭐적 ⭐⭐을 즐긴다.

1) ⭐⭐과 ⭐⭐ 및 ⭐⭐에서 ⭐⭐⭐⭐⭐을 느낀다.

2) ⭐⭐을 통해 ⭐⭐적으로 ⭐⭐하는 ⭐⭐을 즐긴다.

3) ⭐⭐한 ⭐⭐ 표현을 ⭐⭐한다.

아름다움과 예술에 관심을 가지고 창의적 표현을 즐긴다.
1) 자연과 생활 및 예술에서 아름다움을 느낀다.
2) 예술을 통해 창의적으로 표현하는 과정을 즐긴다.
3) 다양한 예술 표현을 존중한다.

2. 내용

내용 범주	내용
아름다움 찾아보기	⭐⭐과 ⭐⭐에서 ⭐⭐⭐⭐⭐을 느끼고 즐긴다.
	⭐⭐적 ⭐⭐에 ⭐⭐을 갖고 찾아본다.
창의적으로 표현하기	⭐⭐를 즐겨 부른다.
	⭐⭐, ⭐⭐, ⭐⭐로 간단한 ⭐⭐와 ⭐⭐을 만들어 본다.
	⭐⭐나 ⭐⭐를 활용하여 ⭐⭐⭐과 ⭐으로 ⭐⭐⭐⭐ 표현한다.
	⭐⭐⭐ 미술 ⭐⭐와 ⭐⭐로 자신의 ⭐⭐과 ⭐⭐을 표현한다.
	⭐⭐⭐로 ⭐⭐이나 ⭐⭐⭐를 표현한다.
예술 감상하기	다양한 ⭐⭐을 ⭐⭐하며 ⭐⭐하기를 즐긴다.
	서로 다른 ⭐⭐ ⭐⭐을 ⭐⭐한다.
	우리나라 ⭐⭐ 예술에 ⭐⭐을 갖고 ⭐⭐해진다.

자연과 생활에서 아름다움을 느끼고 즐긴다.
예술적 요소에 관심을 갖고 찾아본다.

노래를 즐겨 부른다.
신체, 사물, 악기로 간단한 소리와 리듬을 만들어 본다.
신체나 도구를 활용하여 움직임과 춤으로 자유롭게 표현한다.
다양한 미술 재료와 도구로 자신의 생각과 느낌을 표현한다.
극놀이로 경험이나 이야기를 표현한다.

다양한 예술을 감상하며 상상하기를 즐긴다.
서로 다른 예술 표현을 존중한다.
우리나라 전통 예술에 관심을 갖고 친숙해진다.

V 자연탐구

1. 목표

탐구하는 과정을 즐기고, 자연과 더불어 살아가는 태도를 가진다.

1) 일상에서 호기심을 가지고 탐구하는 과정을 즐긴다.
2) 생활 속의 문제를 수학적, 과학적으로 탐구한다.
3) 생명과 자연을 존중한다.

⭐⭐하는 ⭐⭐을 즐기고, ⭐⭐과 ⭐⭐⭐⭐ 살아가는 ⭐⭐를 가진다.

1) 일상에서 ⭐⭐⭐을 가지고 ⭐⭐하는 ⭐⭐을 즐긴다.
2) 생활 속의 ⭐⭐를 ⭐⭐적, ⭐⭐적으로 ⭐⭐한다.
3) ⭐⭐과 ⭐⭐을 존중한다.

2. 내용

주변 세계와 자연에 대해 지속적으로 호기심을 가진다.

궁금한 것을 탐구하는 과정에 즐겁게 참여한다.

탐구과정에서 서로 다른 생각에 관심을 가진다.

물체의 특성과 변화를 여러 가지 방법으로 탐색한다.

물체를 세어 수량을 알아본다.

물체의 위치와 방향, 모양을 알고 구별한다.

일상에서 길이, 무게 등의 속성을 비교한다.

주변에서 반복되는 규칙을 찾는다.

일상에서 모은 자료를 기준에 따라 분류한다.

도구와 기계에 대해 관심을 가진다.

주변의 동식물에 관심을 가진다.

생명과 자연환경을 소중히 여긴다.

날씨와 계절의 변화를 생활과 관련짓는다.

내용 범주	내용
탐구과정 즐기기	주변 ⭐⭐와 ⭐⭐에 대해 ⭐⭐⭐으로 ⭐⭐⭐⭐을 가진다.
	궁금한 것을 ⭐⭐하는 ⭐⭐에 즐겁게 ⭐⭐한다.
	⭐⭐과정에서 서로 ⭐⭐⭐ ⭐⭐에 ⭐⭐을 가진다.
생활 속에서 탐구하기	물체의 ⭐⭐과 ⭐⭐를 ⭐⭐⭐ 방법으로 ⭐⭐한다.
	⭐⭐를 세어 ⭐⭐을 알아본다.
	물체의 ⭐⭐와 ⭐⭐, ⭐⭐을 알고 ⭐⭐한다.
	일상에서 ⭐⭐, ⭐⭐ 등의 ⭐⭐을 ⭐⭐한다.
	주변에서 ⭐⭐되는 ⭐⭐을 찾는다.
	일상에서 모은 ⭐⭐를 ⭐⭐에 따라 ⭐⭐한다.
	⭐⭐와 ⭐⭐에 대해 ⭐⭐을 가진다.
자연과 더불어 살기	주변의 ⭐⭐⭐에 ⭐⭐을 가진다.
	⭐⭐과 ⭐⭐⭐⭐을 ⭐⭐⭐ 여긴다.
	⭐⭐와 ⭐⭐의 변화를 ⭐⭐과 ⭐⭐짓는다.

부록

〈누리과정의 구성 체계 비교〉

3-5세 연령별 누리과정(2015)	2019 개정 누리과정
제1장 누리과정의 총론 Ⅰ. 구성 방향 Ⅱ. 목적과 목표 　1. 목적 　2. 목표 Ⅲ. 편성과 운영 　1. 편성 　2. 운영 　3. 교수 · 학습 방법 　4. 평가	누리과정의 성격(신설) **제1장 총론** Ⅰ. 누리과정의 구성 방향 　1. 추구하는 인간상(신설) 　2. 목적과 목표 　3. 구성의 중점 Ⅱ. 누리과정의 운영 　1. 편성 · 운영 　2. 교수 · 학습 　3. 평가
제2장 연령별 누리과정 제1절 3-5세 연령별 누리과정의 영역별 목표 Ⅰ. 신체운동 · 건강 Ⅱ. 의사소통 Ⅲ. 사회관계 Ⅳ. 예술경험 Ⅴ. 자연탐구 제2절 3-5세 연령별 누리과정의 영역별 내용 Ⅰ. 3세 누리과정 Ⅱ. 4세 누리과정 Ⅲ. 5세 누리과정	**제2장 영역별 목표 및 내용** Ⅰ. 신체운동 · 건강 　1. 목표 　2. 내용 Ⅱ. 의사소통 　1. 목표 　2. 내용 Ⅲ. 사회관계 　1. 목표 　2. 내용 Ⅳ. 예술경험 　1. 목표 　2. 내용 Ⅴ. 자연탐구 　1. 목표 　2. 내용

누리과정의 성격(신설)

2019 개정 누리과정
누리과정은 3∼5세 유아를 위한 국가 수준의 공통 교육과정이다. 가. 국가 수준의 공통성과 지역, 기관 및 개인 수준의 다양성을 동시에 추구한다. 나. 유아의 전인적 발달과 행복을 추구한다. 다. 유아 중심과 놀이 중심을 추구한다. 라. 유아의 자율성과 창의성 신장을 추구한다. 마. 유아, 교사, 원장(감), 학부모 및 지역사회가 함께 실현해 가는 것을 추구한다.

① 총론

Ⅰ 누리과정의 구성 방향

1. 추구하는 인간상(신설)

2019 개정 누리과정
누리과정이 추구하는 인간상은 다음과 같다. 가. 건강한 사람 나. 자주적인 사람 다. 창의적인 사람 라. 감성이 풍부한 사람 마. 더불어 사는 사람

2. 목적과 목표

3-5세 연령별 누리과정(2015)	2019 개정 누리과정
1. 목적 누리과정은 만 3~5세 유아의 심신의 건강과 조화로운 발달을 도와 민주 시민의 기초를 형성하는 것을 목적으로 한다. **2. 목표** 가. 기본 운동 능력과 건강하고 안전한 생활 습관을 기른다. 나. 일상생활에 필요한 의사소통 능력과 바른 언어 사용 습관을 기른다. 다. 자신을 존중하고 다른 사람과 더불어 생활하는 능력과 태도를 기른다. 라. 아름다움에 관심을 가지고 예술 경험을 즐기며, 창의적으로 표현하는 능력을 기른다. 마. 호기심을 가지고 주변 세계를 탐구하며, 일상생활에서 수학적·과학적으로 생각하는 능력과 태도를 기른다.	**2. 목적과 목표** 누리과정의 목적은 유아가 놀이를 통해 심신의 건강과 조화로운 발달을 이루고 바른 인성과 민주 시민의 기초를 형성하는 데에 있다. 이를 실현하기 위한 목표는 다음과 같다. 가. 자신의 소중함을 알고, 건강하고 안전한 생활 습관을 기른다. 나. 자신의 일을 스스로 해결하는 기초능력을 기른다. 다. 호기심과 탐구심을 가지고 상상력과 창의력을 기른다. 라. 일상에서 아름다움을 느끼고 문화적 감수성을 기른다. 마. 사람과 자연을 존중하고 배려하며 소통하는 태도를 기른다.

3. 구성의 중점

3-5세 연령별 누리과정(2015)	2019 개정 누리과정
Ⅰ. 구성 방향 누리과정의 구성 방향은 다음과 같다. 1. 질서, 배려, 협력 등 기본생활습관과 바른 인성을 기르는 데 중점을 두어 구성한다. 2. 자율성과 창의성을 기르는 데 중점을 두고, 전인발달을 이루도록 구성한다. 3. 사람과 자연을 존중하고, 우리 문화를 이해하는 데 중점을 두어 구성한다. 4. 만 3~5세아의 발달 특성을 고려하여 연령별로 구성한다. 5. 신체운동·건강, 의사소통, 사회관계, 예술경험, 자연탐구의 5개 영역을 중심으로 구성한다. 6. 초등학교 교육과정과 0~2세 표준보육과정과의 연계성을 고려하여 구성한다.	**3. 구성의 중점** 누리과정 구성의 중점은 다음과 같다. 가. 3~5세 모든 유아에게 적용할 수 있도록 구성한다. 나. 추구하는 인간상 구현을 위한 지식, 기능, 태도 및 가치를 반영하여 구성한다. 다. 신체운동·건강, 의사소통, 사회관계, 예술경험, 자연탐구의 5개 영역을 중심으로 구성한다. 라. 3~5세 유아가 경험해야 할 내용으로 구성한다. 마. 0~2세 보육과정 및 초등학교 교육과정과의 연계성을 고려하여 구성한다.

1. 편성 · 운영

3-5세 연령별 누리과정(2015)	2019 개정 누리과정
1. 편성 가. 1일 4∼5시간을 기준으로 편성한다. 나. 5개 영역의 내용을 균형 있게 통합적으로 편성한다. 다. 유아의 발달 특성 및 경험을 고려하여 놀이를 중심으로 편성한다. 라. 반(학급) 특성에 따라 융통성 있게 편성한다. 마. 성별, 종교, 신체적 특성, 가족 및 민족 배경 등으로 인한 편견이 없도록 편성한다. 바. 일과 운영 시간에 따라 심화 확장할 수 있도록 편성한다. **2. 운영** 가. 연간, 월간, 주간, 일일 계획에 의거하여 운영한다. 나. 실내 · 외 환경을 다양한 흥미 영역으로 구성하여 운영한다. 다. 유아의 능력과 장애 정도에 따라 조정하여 운영한다. 라. 부모와 각 기관의 실정에 따라 부모 교육을 실시한다. 마. 가정과 지역사회와의 협력과 참여에 기반하여 운영한다. 바. 교사 재교육을 통해서 누리과정 활동이 개선되도록 운영한다.	**1. 편성 · 운영** 다음의 사항에 따라 누리과정을 편성 · 운영한다. 가. 1일 4∼5시간을 기준으로 편성한다. 나. 일과 운영에 따라 확장하여 편성할 수 있다. 다. 누리과정을 바탕으로 각 기관의 실정에 적합한 계획을 수립하여 운영한다. 라. 하루 일과에서 바깥 놀이를 포함하여 유아의 놀이가 충분히 이루어지도록 편성하여 운영한다. 마. 성, 신체적 특성, 장애, 종교, 가족 및 문화적 배경 등으로 인한 차별이 없도록 편성하여 운영한다. 바. 유아의 발달과 장애 정도에 따라 조정하여 운영한다. 사. 가정과 지역사회와의 협력과 참여에 기반하여 운영한다. 아. 교사 연수를 통해 누리과정의 운영이 개선되도록 한다.

2. 교수 · 학습

3-5세 연령별 누리과정(2015)	2019 개정 누리과정
3. 교수 · 학습 방법 가. 놀이를 중심으로 교수 · 학습 활동이 이루어지도록 한다. 나. 유아의 흥미를 중심으로 활동을 선택하고 지속할 수 있도록 한다. 다. 유아의 생활 속 경험을 소재로 하여 지식, 기능, 태도 및 가치를 습득하도록 한다. 라. 유아와 교사, 유아와 유아, 유아와 환경 간에 능동적인 상호작용이 이루어지도록 한다. 마. 주제를 중심으로 여러 활동이 통합적으로 이루어지도록 한다. 바. 실내 · 실외 활동, 정적 · 동적 활동, 대 · 소집단 활동 및 개별 활동, 휴식 등이 균형 있게 이루어지도록 한다. 사. 유아의 관심과 흥미, 발달이나 환경 특성 등을 고려하여 개별 유아에게 적합한 방식으로 학습하도록 한다.	2. 교수 · 학습 교사는 다음 사항에 따라 유아를 지원한다. 가. 유아가 흥미와 관심에 따라 놀이에 자유롭게 참여하고 즐기도록 한다. 나. 유아가 놀이를 통해 배우도록 한다. 다. 유아가 다양한 놀이와 활동을 경험할 수 있도록 실내외 환경을 구성한다. 라. 유아와 유아, 유아와 교사, 유아와 환경 간에 능동적인 상호작용이 이루어지도록 한다. 마. 5개 영역의 내용이 통합적으로 유아의 경험과 연계되도록 한다. 바. 개별 유아의 요구에 따라 휴식과 일상생활이 원활히 이루어지도록 한다. 사. 유아의 연령, 발달, 장애, 배경 등을 고려하여 개별 특성에 적합한 방식으로 배우도록 한다.

3. 평가

3-5세 연령별 누리과정(2015)	2019 개정 누리과정
4. 평가 가. 누리과정 운영 평가 (1) 운영 내용이 누리과정의 목표와 내용에 근거하여 편성·운영되었는지 평가한다. (2) 운영 내용 및 활동이 유아의 발달 수준과 흥미·요구에 적합한지를 평가한다. (3) 교수·학습 방법이 유아의 흥미와 활동의 특성에 적합한지를 평가한다. (4) 운영 환경이 유아의 발달 특성과 활동의 주제, 내용 및 효율성 등을 고려하여 구성되었는지를 평가한다. (5) 계획안 분석, 수업 참관 및 모니터링, 평가척도 등 다양한 방법을 활용하여 평가한다. (6) 운영 평가의 결과를 반영하여 운영 계획을 수정·보완하거나 이후 누리과정 편성·운영에 활용한다. 나. 유아 평가 (1) 누리과정 목표와 내용에 근거하여 유아의 특성과 변화 정도를 평가한다. (2) 유아의 지식, 기능, 태도를 포함하여 평가한다. (3) 유아의 일상생활과 누리과정 활동 전반에 걸쳐 평가한다. (4) 관찰, 활동 결과물 분석, 부모 면담 등 다양한 방법을 사용하여 종합적으로 평가하고, 그 결과를 기록한다. (5) 유아 평가 결과는 유아에 대한 이해와 누리과정 운영 개선 및 부모 면담 자료로 활용할 수 있다.	**3. 평가** 평가는 다음 사항에 중점을 두고 실시한다. 가. 누리과정 운영의 질을 진단하고 개선하기 위해 평가를 계획하고 실시한다. 나. 유아의 특성 및 변화 정도와 누리과정의 운영을 평가한다. 다. 평가의 목적에 따라 적합한 방법을 사용하여 평가한다. 라. 평가의 결과는 유아에 대한 이해와 누리과정 운영 개선을 위한 자료로 활용할 수 있다.

② 영역별 목표 및 내용

I 신체운동·건강

3-5세 연령별 누리과정(2015)	2019 개정 누리과정

목표

기본 운동 능력과 건강하고 안전한 생활 습관을 기른다.

1. 감각 능력을 기르고, 자신의 신체를 긍정적으로 인식한다.
2. 신체를 조절하고 기본 운동 능력을 기른다.
3. 신체 활동에 즐겁게 참여한다.
4. 건강한 생활 습관을 기른다.
5. 안전한 생활 습관을 기른다.

내용 체계 및 세부 내용

내용 범주	내용	세부 내용		
		3세	4세	5세
신체 인식 하기	감각 능력 기르고 활용하기	감각적 차이를 경험한다.	감각적 차이를 구분한다.	감각으로 대상이나 사물의 특성과 차이를 구분한다.
		감각기관을 인식하고, 활용해 본다.	여러 감각기관을 협응하여 활용한다.	
	신체를 인식하고 움직이기	신체 각 부분의 명칭을 알고, 움직임에 관심을 갖는다.	신체 각 부분의 특성을 이해하고 활용하여 움직인다.	
		자신의 신체를 긍정적으로 인식하고 움직인다.		
신체 조절 과 기본 운동 하기	신체 조절하기	신체 균형을 유지해 본다.	다양한 자세와 움직임에서 신체 균형을 유지한다.	
		공간, 힘, 시간 등의 움직임 요소를 경험한다.	공간, 힘, 시간 등의 움직임 요소를 활용하여 움직인다.	

1. 목표

실내외에서 신체활동을 즐기고, 건강하고 안전한 생활을 한다.

1) 신체활동에 즐겁게 참여한다.
2) 건강한 생활습관을 기른다.
3) 안전한 생활습관을 기른다.

2. 내용

내용 범주	내용
신체활동 즐기기	신체를 인식하고 움직인다.
	신체 움직임을 조절한다.
	기초적인 이동운동, 제자리 운동, 도구를 이용한 운동을 한다.
	실내외 신체활동에 자발적으로 참여한다.

3-5세 연령별 누리과정(2015)					2019 개정 누리과정	

Left table:

내용범주	내용	세부 내용		
		3세	4세	5세
신체 조절과 기본 운동하기	신체 조절하기	신체 각 부분의 움직임을 조절해 본다.	신체 각 부분을 협응하여 움직임을 조절한다.	
		눈과 손을 협응하여 소근육을 조절해 본다.		
				도구를 활용하여 여러 가지 조작 운동을 한다.
	기본 운동하기	걷기, 달리기 등 이동운동을 한다.	걷기, 달리기, 뛰기 등 다양한 이동운동을 한다.	
		제자리에서 몸을 움직여 본다.	제자리에서 몸을 다양하게 움직인다.	
신체 활동에 참여하기	자발적으로 신체 활동에 참여하기	신체 활동에 자발적으로 참여한다.	신체 활동에 자발적이고 지속적으로 참여한다.	
		다른 사람과 함께 하는 신체 활동에 참여한다.		
			자신과 다른 사람의 운동능력의 차이에 관심을 갖는다.	자신과 다른 사람의 운동능력의 차이를 이해한다.
	바깥에서 신체 활동하기	규칙적으로 바깥에서 신체 활동을 한다.		
	기구를 이용하여 신체 활동하기	여러 가지 기구를 이용하여 신체 활동을 한다.		
건강하게 생활하기	몸과 주변을 깨끗이 하기	손과 이를 깨끗이 하는 방법을 알고 실천한다.		스스로 몸을 깨끗이 하는 습관을 기른다.
		주변을 깨끗이 한다.	주변을 깨끗이 하는 습관을 기른다.	
	바른 식생활 하기	음식을 골고루 먹는다.		적당량의 음식을 골고루 먹는다.
		몸에 좋은 음식에 관심을 갖는다.	몸에 좋은 음식을 알아본다.	몸에 좋은 음식을 선택할 수 있다.
		바른 태도로 식사한다.	음식을 소중히 여기고 식사예절을 지킨다.	

Right table:

내용범주	내용
건강하게 생활하기	자신의 몸과 주변을 깨끗이 한다.
	몸에 좋은 음식에 관심을 가지고 바른 태도로 즐겁게 먹는다.
	하루 일과에서 적당한 휴식을 취한다.
	질병을 예방하는 방법을 알고 실천한다.

3-5세 연령별 누리과정(2015)					2019 개정 누리과정	

내용 범주	내용	세부 내용			내용 범주	내용
		3세	4세	5세		
건강하게 생활하기	건강한 일상생활하기	규칙적으로 잠을 자고, 적당한 휴식을 취한다.			안전하게 생활하기	일상에서 안전하게 놀이하고 생활한다.
		하루 일과에 즐겁게 참여한다.				TV, 컴퓨터, 스마트폰 등을 바르게 사용한다.
		스스로 화장실에서 배변한다.	바른 배변 습관을 가진다.	규칙적인 배변 습관을 가진다.		교통안전 규칙을 지킨다.
	질병 예방하기	질병의 위험을 알고 주의한다.	질병을 예방하는 방법을 알고 실천한다.			안전사고, 화재, 재난, 학대, 유괴 등에 대처하는 방법을 경험한다.
		날씨에 맞게 옷을 입는다.	날씨와 상황에 알맞게 옷을 입는다.			
안전하게 생활하기	안전하게 놀이하기	놀이기구나 놀잇감, 도구를 안전하게 사용한다.		놀이기구나 놀잇감, 도구의 바른 사용법을 알고 안전하게 사용한다.		
		안전한 놀이 장소를 안다.	안전한 장소를 알고 안전하게 놀이한다.			
		TV, 인터넷, 통신기기 등을 바르게 사용한다.	TV, 인터넷, 통신기기 등의 위해성을 알고, 바르게 사용한다.			
	교통안전 규칙 지키기	교통안전 규칙을 안다.	교통안전 규칙을 알고 지킨다.			
		교통수단을 안전하게 이용한다.				
	비상시 적절히 대처하기	학대, 성폭력, 실종, 유괴 상황을 알고 도움을 요청한다.	학대, 성폭력, 실종, 유괴 상황 시 도움을 요청하는 방법을 알고 행동한다.			
		재난 및 사고 등 비상시 적절하게 대처하는 방법을 안다.	재난 및 사고 등 비상시 적절하게 대처하는 방법을 알고 행동한다.			

3-5세 연령별 누리과정(2015)	2019 개정 누리과정

목표

일상생활에 필요한 의사소통 능력과 바른 언어 사용 습관을 기른다.

1. 다른 사람의 말을 주의 깊게 듣는 태도와 이해하는 능력을 기른다.
2. 자신의 생각과 느낌을 말하는 능력을 기른다.
3. 글자와 책에 친숙해지는 경험을 통하여 글자 모양을 인식하고 읽기에 흥미를 가진다.
4. 말과 글의 관계를 알고 자신의 생각, 느낌, 경험을 글로 표현하는 데 관심을 가진다.

내용 체계 및 세부 내용

내용 범주	내용	세부 내용		
		3세	4세	5세
듣기	낱말과 문장 듣고 이해하기	낱말의 발음에 관심을 가지고 듣는다.		낱말의 발음에 관심을 가지고 비슷한 발음을 듣고 구별한다.
		일상생활과 관련된 낱말과 문장을 듣고 뜻을 이해한다.		다양한 낱말과 문장을 듣고 뜻을 이해한다.
	이야기 듣고 이해하기	다른 사람의 이야기를 관심 있게 듣는다.	다른 사람의 이야기를 듣고 이해한다.	
			이야기를 듣고 궁금한 것에 대해 질문한다.	
	동요, 동시, 동화 듣고 이해하기	동요, 동시, 동화를 다양한 방법으로 듣고 즐긴다.		동요, 동시, 동화를 다양한 방법으로 듣고 이해한다.
			전래 동요, 동시, 동화를 듣고 우리말의 재미를 느낀다.	
	바른 태도로 듣기	말하는 사람을 바라보며 듣는다.	다른 사람의 이야기를 주의 깊게 듣는다.	다른 사람의 이야기를 끝까지 주의 깊게 듣는다.

1. 목표

일상생활에 필요한 의사소통 능력과 상상력을 기른다.

1) 일상생활에서 듣고 말하기를 즐긴다.
2) 읽기와 쓰기에 관심을 가진다.
3) 책이나 이야기를 통해 상상하기를 즐긴다.

2. 내용

내용 범주	내용
듣기와 말하기	말이나 이야기를 관심 있게 듣는다.
	자신의 경험, 느낌, 생각을 말한다.
	상황에 적절한 단어를 사용하여 말한다.
	상대방이 하는 이야기를 듣고 관련해서 말한다.
	바른 태도로 듣고 말한다.
	고운 말을 사용한다.

내용 범주	내용	세부 내용		
		3세	4세	5세
말하기	낱말과 문장으로 말하기	친숙한 낱말을 발음해 본다.	친숙한 낱말을 정확하게 발음해 본다.	정확한 발음으로 말한다.
		새로운 낱말에 관심을 가진다.	다양한 낱말을 사용하여 말한다.	다양한 낱말을 사용하여 상황에 맞게 말한다.
		일상생활에서 일어나는 일들을 간단한 문장으로 말한다.		일상생활에서 일어나는 일들을 다양한 문장으로 말한다.
	느낌, 생각, 경험 말하기	자신의 느낌, 생각, 경험을 말해 본다.	자신의 느낌, 생각, 경험을 말한다.	자신의 느낌, 생각, 경험을 적절한 낱말과 문장으로 말한다.
		주제를 정하여 함께 이야기를 나눈다.		
			이야기를 지어 말한다.	이야기를 지어 말하기를 즐긴다.
	상황에 맞게 바른 태도로 말하기	듣는 사람의 생각과 느낌을 고려하여 말한다.		
		상대방을 바라보며 말한다.	차례를 지켜 말한다.	때와 장소, 대상에 알맞게 말한다.
		바르고 고운 말을 사용한다.		
읽기	읽기에 흥미 가지기	주변에서 친숙한 글자를 찾아본다.		주변에서 친숙한 글자를 찾아 읽어 본다.
		읽어 주는 글의 내용에 관심을 가진다.		읽어 주는 글의 내용에 관심을 가지고 읽어 본다.
	책 읽기에 관심 가지기	책에 흥미를 가진다.	책 보는 것을 즐기고 소중하게 다룬다.	
		책의 그림을 단서로 내용을 추측해 본다.	책의 그림을 단서로 내용을 이해한다.	
		궁금한 것을 책에서 찾아본다.		
쓰기	쓰기에 관심 가지기	말을 글로 나타내는 것에 관심을 보인다.	말이나 생각을 글로 나타낼 수 있음을 안다.	
		자기 이름의 글자에 관심을 가진다.	자기 이름을 써 본다.	자기 이름과 주변의 친숙한 글자를 써 본다.
			자신의 느낌, 생각, 경험을 글자와 비슷한 형태로 표현한다.	자신의 느낌, 생각, 경험을 글자와 비슷한 형태나 글자로 표현한다.
	쓰기 도구 사용하기		쓰기 도구에 관심을 가지고 사용해 본다.	쓰기 도구의 바른 사용법을 알고 사용한다.

2019 개정 누리과정

내용 범주	내용
읽기와 쓰기에 관심 가지기	말과 글의 관계에 관심을 가진다.
	주변의 상징, 글자 등의 읽기에 관심을 가진다.
	자신의 생각을 글자와 비슷한 형태로 표현한다.
책과 이야기 즐기기	책에 관심을 가지고 상상하기를 즐긴다.
	동화, 동시에서 말의 재미를 느낀다.
	말놀이와 이야기 짓기를 즐긴다.

3-5세 연령별 누리과정(2015)	2019 개정 누리과정

목표

자신을 존중하고 다른 사람과 더불어 생활하는 능력과 태도를 기른다.

1. 자신을 소중히 여기며 자율성을 기른다.
2. 자신과 타인의 감정을 알고, 자신의 감정을 적절하게 표현하고 조절한다.
3. 가족과 화목하게 지내며 서로 협력한다.
4. 친구, 공동체 구성원들과 서로 돕고, 예의·규칙 등 사회적 가치를 알고 지킨다.
5. 우리 동네, 우리나라, 다른 나라에 관심을 가진다.

1. 목표

자신을 존중하고 더불어 생활하는 태도를 가진다.

1) 자신을 이해하고 존중한다.
2) 다른 사람과 사이좋게 지낸다.
3) 우리가 사는 사회와 다양한 문화에 관심을 가진다.

내용 체계 및 세부 내용

내용 범주	내용	세부 내용		
		3세	4세	5세
나를 알고 존중하기	나를 알고, 소중히 여기기	나에 대해 관심을 갖는다.	나에 대해 알아본다.	
		나와 다른 사람의 차이에 관심을 갖는다.	나와 다른 사람의 차이점을 알아본다.	나와 다른 사람의 신체적, 사회적, 문화적 차이를 존중한다.
		나를 소중하게 여긴다.	나에 대해 긍정적으로 생각하고 나를 소중하게 여긴다.	
	나의 일 스스로 하기	내가 할 수 있는 일을 알아본다.	내가 할 수 있는 일을 해 본다.	내가 할 수 있는 일을 스스로 한다.
		내가 하고 싶은 일을 선택해 본다.	하고 싶은 일을 계획하고 해 본다.	
나와 다른 사람의 감정 알고 조절하기	나와 다른 사람의 감정 알고 표현하기	자신에게 여러 가지 감정이 있음을 안다.	자신의 감정을 알고 표현한다.	
		다른 사람의 감정에 관심을 갖는다.	다른 사람의 감정을 안다.	다른 사람의 감정을 알고 공감한다.
	나의 감정 조절하기	자신의 감정을 조절해 본다.		자신의 감정을 상황에 맞게 조절한다.
가족을 소중히 여기기	가족과 화목하게 지내기	가족의 소중함을 안다.		가족의 의미와 소중함을 안다.
				가족과 화목하게 지낸다.
	가족과 협력하기	가족 구성원을 알아본다.	가족 구성원의 역할에 대해 알아본다.	다양한 가족구조에 대해 알아본다.
		가족을 위하여 내가 할 수 있는 일을 알아본다.	가족을 위하여 내가 할 수 있는 일을 알아보고 실천한다.	가족은 서로 도와야 함을 알고 실천한다.

2. 내용

내용 범주	내용
나를 알고 존중하기	나를 알고 소중히 여긴다.
	나의 감정을 알고 상황에 맞게 표현한다.
	내가 할 수 있는 것을 스스로 한다.

3-5세 연령별 누리과정(2015)					2019 개정 누리과정	

내용 범주	내용	세부 내용			내용 범주	내용
		3세	4세	5세		
다른 사람 과 더 불어 생활 하기	친구와 사이좋게 지내기	친구와 함께 놀이한다.	친구와 협동하며 놀이한다.		더불어 생활하기	가족의 의미를 알고 화목하게 지낸다.
		나와 친구의 의견 에 차이가 있음을 안다.	친구와의 갈등을 긍정적인 방법으로 해결한다.			친구와 서로 도우며 사이좋게 지낸다.
	공동체 에서 화목하게 지내기		도움이 필요할 때 다른 사람과 도움 을 주고받는다.	다른 사람과 도움 을 주고받고, 서로 협력한다.		친구와의 갈등을 긍정적인 방법으로 해결한다.
		교사 및 주변 사람과 화목하게 지낸다.				서로 다른 감정, 생각, 행동을 존중한다.
	사회적 가치를 알고 지키기	정직하게 말하고 행동한다.				친구와 어른께 예의 바르게 행동한다.
		다른 사람의 소유 물을 존중한다.	다른 사람의 생각, 행동을 존중한다.	다른 사람을 배려 하여 행동한다.		약속과 규칙의 필요성을 알고 지킨다.
		친구와 어른께 예의 바르게 행동한다.			사회에 관심 가지기	내가 살고 있는 곳에 대해 궁금한 것을 알아본다.
		약속과 규칙을 지켜야 함을 안다.	다른 사람과 한 약속이나 공공규칙을 지킨다.			우리나라에 대해 자부심을 가진다.
		자연과 자원을 아끼는 습관을 기른다.				다양한 문화에 관심을 가진다.
사회 에 관 심 갖 기	지역사회 에 관심 갖고 이해하기	우리 동네의 이름을 안다.	우리 동네에 대해 알아본다.			
		우리 동네 사람들 에 관심을 갖는다.	우리 동네 사람들 이 하는 일에 관 심을 갖는다.	다양한 직업에 관심을 갖는다.		
			물건을 살 때 돈이 필요함을 안다.	일상생활에서 돈의 쓰임에 대해 안다.		
	우리나라 에 관심 갖고 이해하기	우리나라를 상징 하는 것에 관심을 가진다.	우리나라를 상징 하는 것을 안다.	우리나라를 상징 하는 것을 알고 예절을 지킨다.		
		우리나라의 전통놀이와 풍습에 관심을 갖는다.		우리나라의 전통, 역사, 문화에 관심을 갖는다.		
		우리나라에 대해 자부심을 갖는다.				
	세계와 여러 문화 에 관심 가지기		세계 여러 나라에 대해 관심을 갖는다.	세계 여러 나라에 대해 관심을 갖고, 서로 협력해 야 함을 안다.		
			다양한 인종과 문화에 관심을 갖는다.	다양한 인종과 문화를 알아보고 존중한다.		

3-5세 연령별 누리과정(2015)	2019 개정 누리과정

3-5세 연령별 누리과정(2015)

목표

아름다움에 관심을 가지고 예술 경험을 즐기며, 창의적으로 표현하는 능력을 기른다.

1. 자연과 주변 환경에서 발견한 아름다움과 예술적 요소에 관심을 갖고 탐색한다.
2. 자신의 생각과 느낌을 음악, 움직임과 춤, 미술, 극놀이를 통해 창의적으로 표현하는 것을 즐긴다.
3. 자연과 다양한 예술 작품을 감상하며, 풍부한 감성과 심미적 태도를 기른다.

내용 체계 및 세부 내용

내용 범주	내용	세부 내용 3세	세부 내용 4세	세부 내용 5세
아름다움 찾아보기	음악적 요소 탐색하기	다양한 소리, 음악의 셈여림, 빠르기, 리듬 등에 관심을 갖는다.		다양한 소리, 악기 등으로 음악의 셈여림, 빠르기, 리듬 등을 탐색한다.
	움직임과 춤 요소 탐색하기	움직임과 춤의 모양, 힘, 빠르기 등에 관심을 갖는다.		움직임과 춤의 모양, 힘, 빠르기, 흐름 등을 탐색한다.
	미술적 요소 탐색하기	자연과 사물의 색, 모양, 질감 등에 관심을 갖는다.		자연과 사물에서 색, 모양, 질감, 공간 등을 탐색한다.
예술적 표현하기	음악으로 표현하기	간단한 노래를 듣고 따라 부른다.	노래로 자신의 생각과 느낌을 표현한다.	
		전래동요를 즐겨 부른다.		
		리듬악기로 간단한 리듬을 표현해 본다.	리듬악기를 연주해 본다.	
		간단한 리듬과 노래를 즉흥적으로 만들어 본다.		리듬과 노래 등을 즉흥적으로 만들어 본다.

2019 개정 누리과정

1. 목표

아름다움과 예술에 관심을 가지고 창의적 표현을 즐긴다.

1) 자연과 생활 및 예술에서 아름다움을 느낀다.
2) 예술을 통해 창의적으로 표현하는 과정을 즐긴다.
3) 다양한 예술 표현을 존중한다.

2. 내용

내용 범주	내용
아름다움 찾아보기	자연과 생활에서 아름다움을 느끼고 즐긴다.
	예술적 요소에 관심을 갖고 찾아본다.

3-5세 연령별 누리과정(2015)					2019 개정 누리과정	

내용 범주	내용	세부 내용			내용 범주	내용
		3세	4세	5세		
예술적 표현하기	움직임과 춤으로 표현하기	신체를 이용하여 주변의 움직임을 자유롭게 표현한다.		신체를 이용하여 주변의 움직임을 다양하게 표현하며 즐긴다.	창의적으로 표현하기	노래를 즐겨 부른다.
						신체, 사물, 악기로 간단한 소리와 리듬을 만들어 본다.
		움직임과 춤으로 자신의 생각과 느낌을 표현한다.				신체나 도구를 활용하여 움직임과 춤으로 자유롭게 표현한다.
		도구를 활용하여 다양한 움직임으로 표현한다.		다양한 도구를 활용하여 창의적으로 움직인다.		다양한 미술 재료와 도구로 자신의 생각과 느낌을 표현한다.
	미술 활동으로 표현하기	다양한 미술 활동을 경험해 본다.	다양한 미술 활동으로 자신의 생각과 느낌을 표현한다.			극놀이로 경험이나 이야기를 표현한다.
			협동적인 미술 활동에 참여한다.	협동적인 미술 활동에 참여하여 즐긴다.	예술 감상하기	다양한 예술을 감상하며 상상하기를 즐긴다.
		미술 활동에 필요한 재료와 도구에 관심을 가지고 사용한다.	미술 활동에 필요한 재료와 도구를 다양하게 사용한다.			서로 다른 예술 표현을 존중한다.
	극놀이로 표현하기	일상생활의 경험을 극놀이로 표현한다.	일상생활의 경험이나 간단한 이야기를 극놀이로 표현한다.	경험이나 이야기를 극놀이로 표현한다.		우리나라 전통 예술에 관심을 갖고 친숙해진다.
			소품, 배경, 의상 등을 사용하여 협동적으로 극놀이를 한다.			
	통합적으로 표현하기		음악, 움직임과 춤, 미술, 극놀이 등을 통합하여 표현한다.			
		예술 활동에 참여하여 표현 과정을 즐긴다.		예술 활동에 참여하여 창의적으로 표현하는 과정을 즐긴다.		
예술 감상하기	다양한 예술 감상하기	다양한 음악, 춤, 미술작품, 극놀이 등을 듣거나 본다.	다양한 음악, 춤, 미술작품, 극놀이 등을 듣거나 보고 즐긴다.			
		나와 다른 사람의 예술 표현을 소중히 여긴다.				
	전통예술 감상하기	우리나라의 전통예술에 관심을 갖는다.		우리나라의 전통 예술에 관심을 갖고 친숙해진다.		

3-5세 연령별 누리과정(2015)	2019 개정 누리과정

목표

호기심을 가지고 주변 세계를 탐구하며, 일상생활에서 수학적 · 과학적으로 생각하는 능력과 태도를 기른다.

1. 주변의 사물과 자연 세계에 대해 알고자 하는 호기심을 가지고 탐구하는 태도를 기른다.
2. 생활 속의 여러 상황과 문제를 논리 · 수학적으로 이해하고 해결하기 위한 기초 능력을 기른다.
3. 주변의 관심 있는 사물과 생명체 및 자연현상을 탐구하기 위한 기초 능력을 기른다.

내용 체계 및 세부 내용

내용 범주	내용	세부 내용		
		3세	4세	5세
탐구하는 태도 기르기	호기심을 유지하고 확장하기	주변 사물과 자연 세계에 대해 호기심을 갖는다.	주변 사물과 자연 세계에 대해 지속적으로 호기심을 갖는다.	주변 사물과 자연세계에 대해 지속적으로 호기심을 갖고 알고자 한다.
	탐구과정 즐기기	궁금한 점을 알아보는 과정에 흥미를 갖는다.	궁금한 점을 알아보는 탐구과정에 관심을 가지고 참여한다.	궁금한 점을 알아보는 탐구과정에 참여하고 즐긴다.
				탐구과정에서 서로 다른 생각에 관심을 갖는다.
	탐구기술 활용하기		일생생활의 문제를 해결하는 과정에서 탐색, 관찰 등의 방법을 활용해 본다.	일상생활의 문제를 해결하는 과정에서 탐색, 관찰, 비교, 예측 등의 탐구기술을 활용해 본다.
수학적 탐구하기	수와 연산의 기초 개념 알아보기	생활 속에서 수에 관심을 갖는다.	생활 속에서 사용되는 수의 여러 가지 의미를 안다.	
		구체물 수량의 많고 적음을 비교한다.	구체물 수량에서 '같다', '더 많다', '더 적다'의 관계를 안다.	구체물 수량의 부분과 전체 관계를 알아본다.

1. 목표

탐구하는 과정을 즐기고, 자연과 더불어 살아가는 태도를 가진다.

1) 일상에서 호기심을 가지고 탐구하는 과정을 즐긴다.
2) 생활 속의 문제를 수학적, 과학적으로 탐구한다.
3) 생명과 자연을 존중한다.

2. 내용

내용 범주	내용
탐구과정 즐기기	주변 세계와 자연에 대해 지속적으로 호기심을 가진다.
	궁금한 것을 탐구하는 과정에 즐겁게 참여한다.
	탐구과정에서 서로 다른 생각에 관심을 가진다.

내용 범주	내용	세부 내용			내용 범주	내용
		3세	4세	5세		
수학적 탐구 하기	수와 연산의 기초 개념 알아보기	다섯 개 가량의 구체물을 세어 보고 수량에 관심을 갖는다.	열 개 가량의 구체물을 세어 보고 수량을 알아본다.	스무 개 가량의 구체물을 세어 보고 수량을 알아본다.	생활 속에서 탐구하기	물체의 특성과 변화를 여러 가지 방법으로 탐색한다.
				구체물을 가지고 더하고 빼는 경험을 해 본다.		물체를 세어 수량을 알아본다.
	공간과 도형의 기초 개념 알아보기	나를 중심으로 앞, 뒤, 옆, 위, 아래를 알아본다.	위치와 방향을 여러 가지 방법으로 나타내 본다.			물체의 위치와 방향, 모양을 알고 구별한다.
				여러 방향에서 물체를 보고 그 차이점을 비교해 본다.		일상에서 길이, 무게 등의 속성을 비교한다.
		물체의 모양에 관심을 갖는다.	기본 도형의 특성을 인식한다.	기본 도형의 공통점과 차이점을 알아본다.		주변에서 반복되는 규칙을 찾는다.
				기본 도형을 사용하여 여러 가지 모양을 구성해 본다.		일상에서 모은 자료를 기준에 따라 분류한다.
	기초적인 측정하기	두 물체의 길이, 크기를 비교해 본다.	일상생활에서 길이, 크기, 무게 등을 비교해 본다.	일상생활에서 길이, 크기, 무게, 들이 등의 속성을 비교하고, 순서를 지어 본다.		도구와 기계에 대해 관심을 가진다.
				임의 측정 단위를 사용하여 길이, 면적, 들이, 무게 등을 재 본다.	자연과 더불어 살기	주변의 동식물에 관심을 가진다.
	규칙성 이해하기	생활주변에서 반복되는 규칙성에 관심을 갖는다.	생활주변에서 반복되는 규칙성을 알아본다.	생활주변에서 반복되는 규칙성을 알고 다음에 올 것을 예측해 본다.		생명과 자연환경을 소중히 여긴다.
			반복되는 규칙성을 인식하고 모방한다.	스스로 규칙성을 만들어 본다.		날씨와 계절의 변화를 생활과 관련짓는다.
	기초적인 자료 수집과 결과 나타내기		필요한 정보나 자료를 수집한다.			
		같은 것끼리 짝을 짓는다.	한 가지 기준으로 자료를 분류해 본다.	한 가지 기준으로 분류한 자료를 다른 기준으로 재분류해 본다.		
				그림, 사진, 기호나 숫자를 사용해 그래프로 나타내 본다.		

표 머리글: 3-5세 연령별 누리과정(2015) / 2019 개정 누리과정

내용 범주	내용	세부 내용			2019 개정 누리과정
		3세	4세	5세	
과학적 탐구 하기	물체와 물질 알아보기	친숙한 물체와 물질의 특성에 관심을 갖는다.	친숙한 물체와 물질의 특성을 알아본다.	주변의 여러 가지 물체와 물질의 기본 특성을 알아본다.	
			물체와 물질을 여러 가지 방법으로 변화시켜 본다.		
	생명체와 자연환경 알아보기	나의 출생과 성장에 대해 관심을 갖는다.		나와 다른 사람의 출생과 성장에 대해 알아본다.	
		주변의 동식물에 관심을 가진다.	관심 있는 동식물의 특성을 알아본다.	관심 있는 동식물의 특성과 성장 과정을 알아본다.	
		생명체를 소중히 여기는 마음을 갖는다.			
			생명체가 살기 좋은 환경에 대해 관심을 갖는다.	생명체가 살기 좋은 환경과 녹색환경에 대해 알아본다.	
	자연현상 알아보기	돌, 물, 흙 등 자연물에 관심을 갖는다.	돌, 물, 흙 등 자연물의 특성과 변화를 알아본다.	돌, 물, 흙 등 자연물의 특성과 변화를 알아본다.	
				낮과 밤, 계절의 변화와 규칙성을 알아본다.	
		날씨에 관심을 갖는다.	날씨와 기후변화에 관심을 갖는다.	날씨와 기후변화 등 자연현상에 대해 관심을 갖는다.	
	간단한 도구와 기계 활용하기	생활 속에서 간단한 도구와 기계에 관심을 갖는다.	생활 속에서 간단한 도구와 기계를 활용한다.		
		도구와 기계의 편리함에 관심을 갖는다.		변화하는 새로운 도구와 기계에 관심을 갖고 장단점을 안다.	

MEMO

5개 영역 한눈에 보기

신체운동·건강 (12)	신체활동 즐기기	신체를 인식하고 움직인다.
		신체 움직임을 조절한다.
		기초적인 이동운동, 제자리 운동, 도구를 이용한 운동을 한다.
		실내외 신체활동에 자발적으로 참여한다.
	건강하게 생활하기	자신의 몸과 주변을 깨끗이 한다.
		몸에 좋은 음식에 관심을 가지고 바른 태도로 즐겁게 먹는다.
		하루 일과에서 적당한 휴식을 취한다.
		질병을 예방하는 방법을 알고 실천한다.
	안전하게 생활하기	일상에서 안전하게 놀이하고 생활한다.
		TV, 컴퓨터, 스마트폰 등을 바르게 사용한다.
		교통안전 규칙을 지킨다.
		안전사고, 화재, 재난, 학대, 유괴 등에 대처하는 방법을 경험한다.
의사소통 (12)	듣기와 말하기	말이나 이야기를 관심있게 듣는다.
		자신의 경험, 느낌, 생각을 말한다.
		상황에 적절한 단어를 사용하여 말한다.
		상대방이 하는 이야기를 듣고 관련해서 말한다.
		바른 태도로 듣고 말한다.
		고운 말을 사용한다.
	읽기와 쓰기에 관심 가지기	말과 글의 관계에 관심을 가진다.
		주변의 상징, 글자 등의 읽기에 관심을 가진다.
		자신의 생각을 글자와 비슷한 형태로 표현한다.
	책과 이야기 즐기기	책에 관심을 가지고 상상하기를 즐긴다.
		동화, 동시에서 말의 재미를 느낀다.
		말놀이와 이야기 짓기를 즐긴다.
사회관계 (12)	나를 알고 존중하기	나를 알고 소중히 여긴다.
		나의 감정을 알고 상황에 맞게 표현한다.
		내가 할 수 있는 것을 스스로 한다.
	더불어 생활하기	가족의 의미를 알고 화목하게 지낸다.
		친구와 서로 도우며 사이좋게 지낸다.
		친구와의 갈등을 긍정적인 방법으로 해결한다.
		서로 다른 감정, 생각, 행동을 존중한다.
		친구와 어른께 예의 바르게 행동한다.
		약속과 규칙의 필요성을 알고 지킨다.

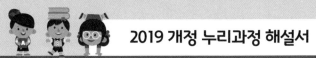

		사회에 관심 가지기	내가 살고 있는 곳에 대해 궁금한 것을 알아본다.
			우리나라에 대해 자부심을 가진다.
			다양한 문화에 관심을 가진다.
예술경험 (10)		아름다움 찾아보기	자연과 생활에서 아름다움을 느끼고 즐긴다.
			예술적 요소에 관심을 갖고 찾아본다.
		창의적으로 표현하기	노래를 즐겨 부른다.
			신체, 사물, 악기로 간단한 소리와 리듬을 만들어 본다.
			신체나 도구를 활용하여 움직임과 춤으로 자유롭게 표현한다.
			다양한 미술 재료와 도구로 자신의 생각과 느낌을 표현한다.
			극놀이로 경험이나 이야기를 표현한다.
		예술 감상하기	다양한 예술을 감상하며 상상하기를 즐긴다.
			서로 다른 예술 표현을 존중한다.
			우리나라 전통 예술에 관심을 갖고 친숙해진다.
자연탐구 (13)		탐구과정 즐기기	주변 세계와 자연에 대해 지속적으로 호기심을 가진다.
			궁금한 것을 탐구하는 과정에 즐겁게 참여한다.
			탐구과정에서 서로 다른 생각에 관심을 가진다.
		생활 속에서 탐구하기	물체의 특성과 변화를 여러 가지 방법으로 탐색한다.
			물체를 세어 수량을 알아본다.
			물체의 위치와 방향, 모양을 알고 구별한다.
			일상에서 길이, 무게 등의 속성을 비교한다.
			주변에서 반복되는 규칙을 찾는다.
			일상에서 모은 자료를 기준에 따라 분류한다.
			도구와 기계에 대해 관심을 가진다.
		자연과 더불어 살기	주변의 동식물에 관심을 가진다.
			생명과 자연환경을 소중히 여긴다.
			날씨와 계절의 변화를 생활과 관련짓는다.

「2019 개정 누리과정」 고시문 쓰기 노트

누리과정의 성격	

. . . .

. . . .

가.	
나.	
다.	
라.	
마.	

[종론] Ⅰ. 누리과정의 구성 방향

1. 추구하는 인간상

가.

나.

다.

라.

마.

2. 목적과 목표

• 목적:

• 목표:

가.

나.

다.

라.

마.

3. 구성의 중점

가.

나.

다.

라.

마.

[총론] Ⅱ. 누리과정의 운영

1. 편성 · 운영

가.

나.

다.

라.

마.

바.

사.

아.

2. 교수 · 학습

가.

나.

다.

라.

마.

바.

사.

3. 평가

가.

나.

다.

라.

[영역별 목표 및 내용] Ⅰ. 신체운동 · 건강

1. 목표

1)

2)

3)

2. 내용

내용 범주	내용

[영역별 목표 및 내용] Ⅱ. 의사소통

1. 목표

1)

2)

3)

2. 내용

내용 범주	내용

[영역별 목표 및 내용] Ⅲ. 사회관계

1. 목표

1)

2)

3)

2. 내용

내용 범주	내용

1. 목표

1)

2)

3)

2. 내용

내용 범주	내용

[영역별 목표 및 내용] V. 자연탐구

1. 목표

1)

2)

3)

2. 내용

내용 범주	내용

최신

2019 개정
누리과정 해설서 워크북

펴낸이 김장일
펴낸곳 우리교과서

초판 1쇄 발행 2020년 9월 20일

편 집 이효정
내용 검토 정현경 · 박소희
삽 화 김호림
디자인 스노우페퍼

우리교과서 서울시 금천구 벚꽃로 254, 1204호
문의 02-2113-7535
팩스 02-2113-7536
신고번호 제396-2014-000186호

정가 20,000원

ISBN 979-11-87642-26-8